GANCHILLO
—— PARA ——
PRINCIPIANTES

20 PROYECTOS DE GANCHILLO PARA PRINCIPIANTES

Sarah Shrimpton

5tintas

CONTENIDOS

INTRODUCCIÓN

¿Se ha decidido a aprender a hacer ganchillo? ¡Buenas noticias! Le va a encantar, de verdad. El ganchillo es bueno para el alma, para el corazón y para las manos, y aprender una habilidad nueva es genial también para la materia gris.

Una vez que sepa hacer ganchillo, nunca más volverá a preguntarse qué hacer una tarde lluviosa de sábado ni se aburrirá durante un largo viaje en coche (¡como pasajero, naturalmente!). Muy pronto, el ganchillo se convertirá en su compañero constante, ya que empleará su tiempo libre en planear nuevos proyectos, mientras llena su casa de preciosas creaciones. Y cuando tenga que pensar en los regalos de cumpleaños o de Navidad, se encontrará tejiendo en un santiamén unos bonitos obsequios hechos a mano.

De hecho, el ganchillo puede utilizarse para cualquier cosa que desee su corazón creativo. ¿Quiere hacer una funda de cojín? ¿Una alfombra? ¿Qué tal un osito, una bufanda, unas zapatillas, un cinturón, un poncho...? Sabe la respuesta, querido lector: téjalo.

Lo que convierte el ganchillo en una manualidad tan versátil es que puede tejerse de tres maneras diferentes:

Primero, tejiendo en una dirección y luego en la contraria haciendo filas para crear piezas planas, las cuales pueden unirse entre sí para crear algo como un jersey o un chal.

En segundo lugar, tejiendo en vueltas para crear círculos; esto es útil para alfombras y posavasos, pero también resulta importante para iniciar muchos motivos como los *granny squares*, que pueden unirse entre sí para formar proyectos más grandes, como las mantas.

En tercer lugar, en tres dimensiones; de nuevo se trabaja en vueltas, pero si les da forma pueden crearse esferas, salchichas, conos y cilindros, que pueden utilizarse para juguetes, sombreros, bolsos y cestos.

Todo esto con tan sólo un pequeño ganchillo y algo de hilo.

Aquí no nos liamos con ganchillos circulares o de doble punta (sí, me estoy refiriendo al punto). No, un ganchillo estándar es lo único que necesita para trabajar de estas tres maneras diferentes. La razón por la que no son necesarios un montón de ganchillos es muy sencilla: en ganchillo sólo se trabaja con un punto en cada momento y es el que está en el mismo ganchillo. No hay que lidiar con cientos de puntos en un palo ni maldecir cuando uno se da cuenta de que se ha dejado un punto en algún sitio y el resto se han escapado de la aguja y ahora están alrededor de sus tobillos (lo siento, pero me estoy refiriendo al punto de nuevo). El ganchillo es en conjunto más indulgente, por lo que, incluso si se equivoca (y todos lo hacemos), no es necesario deshacer todo sobre el suelo ni acabar con agujeros en mitad de su labor.

Por encima de todo esto, ¿sabía que en realidad existen sólo un puñado de puntos que necesita conocer para ser competente en esta labor? Según lo que haga con ellos, puede crear algo tan simple como un paño de cocina o tan complicado como un mantelito de puntillas.

Coja una silla confortable, siéntese y le diré todo lo que necesita saber.

Sarah

P.D. I: No soy antipunto. De hecho, me encanta tejer punto y todas las cosas relacionadas con él.

P.D. II: Se pueden conseguir ganchillos de dos puntas, pero se utilizan para algo completamente diferente y no los necesitará para este libro.

CÓMO UTILIZAR ESTE LIBRO

Muchos libros de ganchillo siguen un formato similar; tienen una sección al inicio en la que explican cómo hacer todos los puntos, seguida por los patrones, la mayoría de los cuales combina puntos y técnicas diferentes, no todos ellos adecuados para un principiante.

Este libro, sin embargo, es bastante diferente. Ha sido diseñado cuidadosamente para enseñarle poco a poco. ¿Quién espera que un novato del ganchillo intente aprender todos los puntos primero y entonces sea capaz de hacer un patrón complicado? Yo no.

No, empezaremos por el principio y le mostraré lo que necesita tener en su kit de ganchillo. Tendremos una pequeña charla sobre patrones y gráficos antes de entrar en los detalles como la forma de sostener el ganchillo y el hilo, y entonces estará preparado para aprender su primer punto. Necesitará tener algo de práctica y, una vez esté listo (no tardará mucho), podrá abordar el proyecto que acompaña cada tipo de punto y que utiliza exactamente lo que acaba de aprender.

Tiene sentido, ¿verdad? ¡Y habrá tejido su primera pieza de ganchillo en su primer día de aprendizaje! ¡Hurra!

Se sigue este mismo esquema a lo largo del libro: aprenda un nuevo punto o técnica, practique y entonces perfeccione sus nuevas habilidades haciendo algo con lo que ya sabe. Hay 20 fantásticos proyectos en los que trabajar, que enseñan lo esencial del ganchillo junto con otros consejos útiles. Los proyectos combinan diseños sencillos y modernos con un resultado bastante rápido: algunos pueden completarse en menos de una hora y la mayoría será capaz de finalizarlos en menos de un día. Cada proyecto detalla el hilo y el ganchillo que he utilizado, pero, por supuesto, puede elegir su propio material y le explicaré también cómo hacerlo.

Se enganchará en un instante.

SU KIT DE UTENSILIOS

Todas las manualidades necesitan un kit de utensilios y el ganchillo no es una excepción. Además de las agujas de ganchillo y el hilo, de los que hablaremos en las próximas páginas, algunas de las cosas más útiles que necesitará son:

TIJERAS

No hace falta decir que tendrá que cortar cosas mientras haga ganchillo —lana, hilos, fieltro o tela—, y para ello necesitará unas tijeras para la labor decentes. Mantenga a los niños alejados de ellas y continuarán afiladas (no como las mías, que tienen incrustaciones de pegamento y están despuntadas como una cuchara).

AGUJA ROMA O DE TAPICERO

Cuando haya acabado su bonita pieza de ganchillo, tendrá extremos de hilos de los que deberá librarse. Puede hacerlo simplemente cosiéndolos por dentro de la labor para esconderlos. Las agujas de tapicero tienen un extremo romo, por lo que no se engancharán a sus puntos, y un ojo grande para poder enhebrar la lana.

MARCADOR

Cuando haga ganchillo, a menudo querrá identificar un punto importante en su labor. Puede que sea el primer punto de una vuelta o uno particularmente difícil de ver. Existen muchos modelos disponibles, pero puede utilizar también una pieza de hilo de un color diferente y tejerla a través del punto que desea marcar.

CONTADOR DE FILAS

Es útil para controlar cuántas filas o vueltas ha completado. Puede comprar un contador tradicional con forma de barril, descargar una aplicación o llevar un registro con papel y bolígrafo.

AGUJA DE COSER

Una aguja con el extremo afilado, perfecta para unir elementos bonitos como cintas o botones a su labor. Tiene un ojo más pequeño, ya que se utiliza con hilos de algodón o de bordar.

HILO

Si quiere añadir elementos bonitos a su labor, necesitará algo de hilo de algodón. Los de color negro y blanco son básicos en mi kit, pero quizá desee unos cuantos colores más para variar.

Tal vez también quiera bordar sobre su labor de ganchillo; si es así, también querrá tener algunos hilos de bordar.

RELLENO PARA JUGUETES

Para hacer un peluche, necesitará rellenarlo con algo esponjoso. El relleno para juguetes producido a nivel comercial se encuentra disponible fácilmente y dotará de cuerpo a sus juguetes y cojines, a la vez que cumple con todos los requisitos de seguridad.

OJOS DE SEGURIDAD

No debe confundirlos con las gafas de seguridad, se trata de los pequeños ojos de plástico que se utilizan en la fabricación de juguetes. Por supuesto, puede bordar rasgos faciales sobre su maravillosa creación, pero quizá prefiera utilizar ojos de seguridad. Se llaman así porque se colocan presionando sobre la labor y se aseguran por la parte trasera con una arandela de sujeción ajustada, lo que hace que sea casi imposible quitarlos.

ALMIDÓN EN ESPRAY

A veces, su pieza acabada de ganchillo puede parecer algo floja. Esto no siempre importa, pero en ocasiones es necesario remediarlo. Si ha tejido un copo de nieve de ganchillo para colgarlo de su árbol de Navidad, querrá que esté rígido y definido, y el espray de almidón puede utilizarse para mantener la forma de una labor.

ALFILERES INOXIDABLES

Cuando haga ganchillo, necesitará clavar cosas para mantenerlas en su sitio. También tendrá que poner alfileres en su labor para estirarla o darle forma. Las variedades que no se oxidan son esenciales para evitar que dejen desagradables marcas de óxido.

FIELTRO Y TELAS, CINTAS Y BOTONES

Ningún artesano que se precie tiene suficientes. No olvide realizar una incursión en su montón de prendas para tirar ni de cortar los botones de las camisas y las telas de los vestidos. Las mercerías y tiendas online están llenas de estos cachivaches crafty, por lo que procure armarse con un tesoro oculto de cosas bonitas.

PEGAMENTO

A veces es más sencillo pegar elementos a su labor que coserlos. Lo mejor es un pegamento con base de acetato de polivinilo o algo similar que quede transparente al secarse.

UTENSILIO PARA HACER POMPONES

Esta útil herramienta sirve exactamente para lo que indica su nombre y se encuentra disponible en todo tipo de medidas que permiten hacer desde pompones diminutos hasta muy grandes.

Ahora tan sólo necesita encontrar algún lugar en el que guardar su kit, lejos de dedos pegajosos y del gato, pero eso se lo dejaré a su elección.

HILOS Y AGUJAS

El mundo de los hilos es muy extenso y bastante desalentador para un principiante, pero hay que considerar realmente sólo dos cosas: el peso del hilo (cuál es su grosor) y la fibra (de qué está hecho). No es demasiado terrible, ¿verdad?

EL PESO DE LOS HILOS

Vamos a empezar con el peso. No le sorprenderá saber que los hilos vienen en una variedad de grosores, de los más finos a los más gruesos. Los ejemplos son:

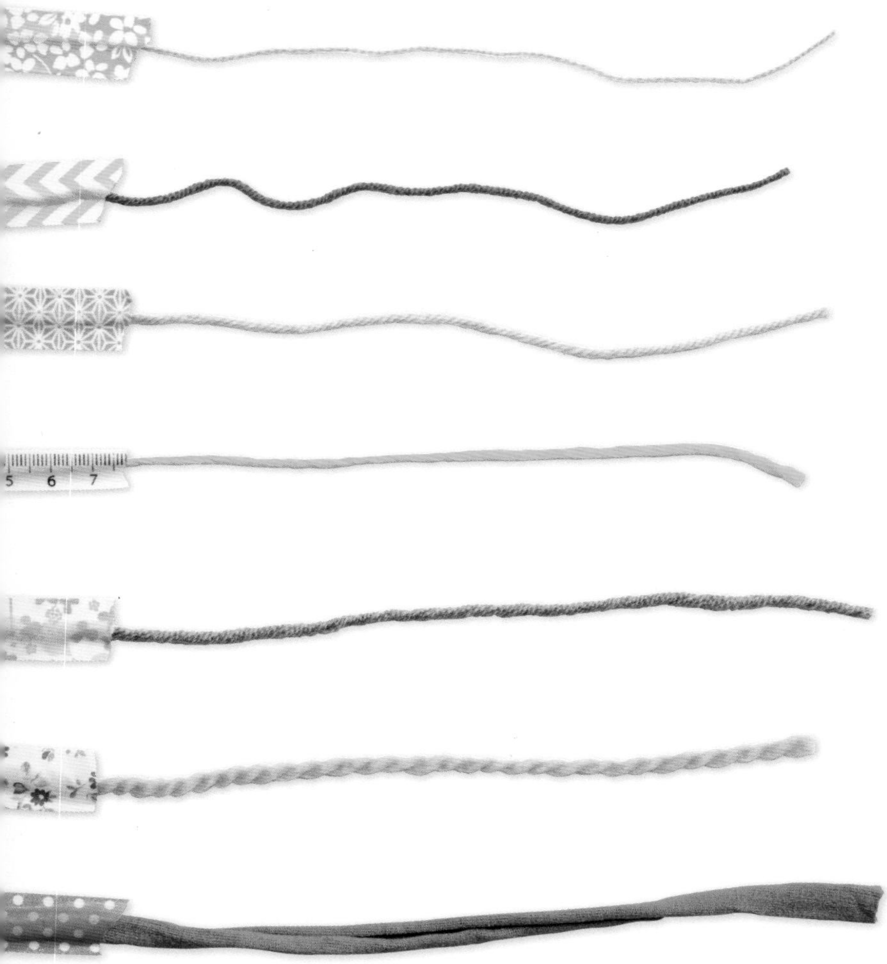

Ultrafino o de 1 a 3 cabos

Súper fino, peso para calcetines o 4 cabos

Punto Doble (PD)/Ligero u 8 cabos

Mediano o 10 cabos

Medio o 10 cabos

Grueso o 12 cabos

Trapillo

El hilo a escoger depende de lo que esté haciendo; los hilos finos y súper finos son perfectos para tejer objetos delicados como chales de verano, mientras que los más gruesos son ideales para los complementos lanudos de invierno. El trapillo, hecho de tiras de telas recicladas de la industria textil, tiene el cuerpo suficiente para hacer alfombras y esteras. ¿Y el peso calcetín? Dejaré que lo descubra usted mismo.

El peso del hilo determina también la medida del ganchillo que utilizará; cuanto más fino sea el hilo, más lo será el ganchillo, pero profundizaré en este aspecto más adelante.

LEER LA ETIQUETA

Cuando compre hilo, este vendrá hilado en un ovillo o una madeja a menudo de 25, 50 o 100 g, con una etiqueta alrededor. Esta identificará la marca, el nombre del hilo (hay algunos muy extraños por ahí, se lo aseguro) y su peso. Habrá también detalles sobre la composición de la fibra, instrucciones de lavado y, con frecuencia, un símbolo de un par de agujas cruzadas (a veces un ganchillo), con la medida recomendada. Otros números indican el color y el lote de tintado. Los hilos se tiñen por lotes, lo que significa que todos los del mismo lote de tintado serán exactamente del mismo tono. Necesitará comprar el suficiente hilo del mismo lote de tintado para completar su proyecto, especialmente para las piezas grandes que utilizan varios ovillos.

LA FIBRA DEL HILO

Igual que los hilos varían de peso, también lo hacen de composición. Pueden estar compuestos de un solo material o de una combinación de muchos. Las principales categorías de fibras de hilos son sintética, animal y vegetal, e incluyen:

Fibras sintéticas

Los hilos acrílicos y de poliéster están hechos de fibras sintéticas. Son resistentes, fáciles de cuidar y económicos, por lo que funcionan bien para objetos expuestos a un día a día frenético, tales como mantas, colchas y cojines. Las fibras sintéticas también se utilizan para fabricar hilos innovadores, como los que contienen metal o los extremadamente suaves o sedosos.

Fibras animales

La lana, la alpaca, el mohair o la seda son hilos lujosos, suaves algunas veces y a menudo más caros. Tienen propiedades aislantes, lo que significa que son ideales para conservar el calor durante las épocas de frío.

Fibras vegetales

El algodón, el bambú y el lino son hilos no alergénicos y refrescantes, por lo que son perfectos para prendas, juguetes y accesorios para bebés.

SUSTITUIR EL HILO

Los diseñadores sugerirán normalmente un tipo de hilo específico para su patrón, aunque algunas veces querrá encontrar una alternativa (puede preferir una marca diferente o quizá el hilo elegido ya no se fabrica). En este caso, necesitará asegurarse de que el sustituto tiene el mismo peso y una fibra similar para que su pieza de ganchillo sea aproximadamente de la misma medida que indica el patrón. Dicho esto, en algunos patrones la medida o la fibra no importan y usted puede probar a hacerlos con cualquier hilo que le agrade.

GANCHILLOS

La palabra *crochet* procede del francés, significa «gancho» y, tras el hilo, es la siguiente pieza más importante de su kit.

Un ganchillo estándar es más corto que una aguja de punto, ya que usted sólo trabaja con un punto en su ganchillo cada vez (aparte de algunas excepciones, pero no se preocupe por ellas ahora). Está formado por un gancho en un extremo (seguro que esto no lo veía venir, ¿verdad?) y un trozo plano (el agarre), que a menudo está sellado con la medida del ganchillo.

Los ganchillos varían de perímetro para adaptarse a los diferentes pesos de hilos; desde el similar a una aguja de 2,25 mm, utilizado con hilo ultrafino, hasta el enorme de 20 mm, empleado con trapillo y otros hilos extremos.

A menudo son de aluminio o de acero, pero puede encontrar ganchillos ergonómicos suaves, así como artesanales, hechos de bambú. Los ganchillos más grandes (12-20 mm) son normalmente de plástico, por lo que no pesan demasiado.

Mientras algunos ganchillos tienen su medida impresa en milímetros en la varilla, la mayoría tiene una letra o un número.

Elegir el ganchillo correcto

Esto es en realidad muy sencillo. En primer lugar, el patrón sugerirá una medida de ganchillo para adaptarse al hilo especificado. Segundo, deberá consultar la etiqueta del hilo (busque el símbolo de las agujas cruzadas o el ganchillo), pero recuerde que tan sólo es un punto de partida para elegir la medida; usted puede preferir trabajar con un ganchillo ligeramente más pequeño o mayor del indicado y eso, querido lector, está muy bien.

También es divertido jugar con la medida en algunos patrones; ¿por qué no coger un patrón de un delicado posavasos y, en vez de utilizar hilo de algodón fino, usar un hilo extremo y un ganchillo enorme? El resultado podría ser una alfombra muy interesante.

Los proyectos en este libro requieren una variedad de medidas de ganchillos, por lo que vale la pena dotarse de una buena selección.

Tabla de conversión

Esta apasionante tabla le muestra las conversiones:

Nota: esto solo es una guía. Las medidas actuales pueden variar según el fabricante.

MM	IMPERIAL ANT. RU	EEUU
2	14	-
2,25	13	1/B
2,5	12	-
2,75	11	2/C
3	11	-
3,25	10	3/D
3,5	9	4/E
3,75	-	5/F
4	8	6/G
4,25	-	-
4,5	7	7
5	6	8/H
5,5	5	9/I
6	4	10/J
6,5	3	10.5/K
7	2	-
8	0	11/L
9	00	13/M/N
10	000	15/N/P
15	-	-
16	-	Q
19	-	35/S
20	-	36

PATRONES Y GRÁFICOS

De acuerdo, ya tiene un ganchillo, algo de hilo y una bolsa llena de cosas monas. Tiene muchas ganas. Lo que necesita hacer a continuación es encontrar un patrón y crear algo sorprendente. Todo lo que debe saber sobre los patrones es que los encontrará en dos formatos diferentes: como instrucciones escritas o como un esquema de símbolos.

MATERIAL NECESARIO

Seguir un patrón escrito es simplemente como seguir una receta. Tiene su propia lista de ingredientes, a menudo titulada con imaginación «necesitará», que le indica lo necesario para completar el proyecto. Esto incluye materiales importantes, como el hilo (marca, color/número de tonalidad y cantidad) y el ganchillo que necesitará. También incluirá cualquier material adicional, como fieltro, cintas y relleno para juguetes. Podría parecerse a esto:

NECESITARÁ

- Ganchillo de 4 mm
- 3 ovillos de 50 g de algodón Rico Creative Cotton Aran en color turquesa (tono 36)
- Fieltro gris
- Un par de ojos de seguridad de 9 mm

PATRONES

A continuación, en un patrón escrito están las propias instrucciones y, al igual que una receta, describirán cada paso que debe seguir. Estarán numeradas e incluirán la información referente al tejido de puntos para aquella fila o vuelta específica. También utilizan abreviaturas.

Podría parecerse a esto:

Fila 3: 7 pb, dism (8 ptos)

Para un principiante, esto parecerá incomprensible. No se preocupe; todo cobrará sentido a medida que siga con el libro. Por ahora, todo lo que necesita saber es que estos son los puntos tejidos en la Fila 3.

ABREVIATURAS

Los patrones escritos normalmente abrevian los términos de ganchillo para facilitar su lectura y, a menudo, ofrecen datos clave. Pronto se acostumbrará a trabajar a partir de ellas. Estas son las principales que encontrará:

Cadeneta	cad
Disminución de punto bajo	dism
Lado del revés	LR
Lado derecho	LD
Punto alto	pa
Punto bajo	pb
Punto enano	pe
Punto medio	pm
Punto raso	pr
Punto(s)	pto(s)

GRÁFICOS

Los gráficos son una representación visual bastante simple del patrón, que utiliza símbolos en vez de palabras para representar los puntos. Cada fila o vuelta está indicada con un número, por lo que usted sabe hacia dónde se dirige. A lo largo de este libro encontrará ejemplos de gráficos para que pueda verlos y trabajar con ellos.

La gran ventaja de los gráficos es que los símbolos son estándares. Aquí están los principales:

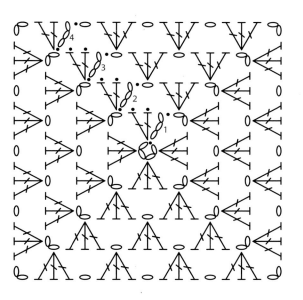

⬭	Cadeneta	(símbolo)	Punto picot	
·	Punto enano	(símbolo)	2 pa en el mismo punto	
+	Punto bajo	(símbolo)	Grupo de 3 pa	
T	Punto alto	(símbolo)	Punto concha de 4 pa	
T	Punto medio	(símbolo)	Punto concha de 5 pa	
⋎	2 pb en el mismo punto	(símbolo)	Punto concha de 7 pa	
⋏	Disminución de pb	(símbolo)	Punto racimo de 2 pa	
(símbolo)	Punto piña de 5 pa	(símbolo)	Punto racimo de 3 pa	

ACABADO

La parte final de un patrón escrito le dará las instrucciones para finalizar su proyecto. Le explicará cómo unir piezas o qué coser y dónde.

Sé que puede parecer algo desconcertante por el momento, pero déjeme asegurarle que este libro va a guiarle a través de cada paso. Pronto estará leyendo patrones y gráficos como un profesional.

PREPARARSE

Utilice cualquier hilo y un ganchillo adecuado que tenga a mano para practicar. Yo le recomendaría un ganchillo de 4 mm e hilo ligero, que son los utilizados en muchos de los primeros proyectos de este libro. Si le cuesta ver lo que está haciendo, puede probar con hilo acrílico grueso y un ganchillo de 6 mm.

HACER UN NUDO CORREDIZO

Siempre que teja en filas, necesitará empezar con un nudo corredizo. El extremo de este puede estirarse para sujetar el hilo al ganchillo.

1. Primero, haga un bucle con el hilo.

2. Con la mano derecha, agarre el extremo del hilo por la mitad y empiece a pasarlo por el bucle inicial.

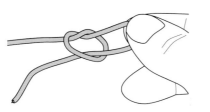

3. Sostenga ambos extremos del hilo con la mano izquierda y use la derecha para estirar el bucle y tensar el nudo.

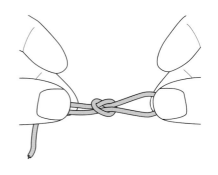

4. Ponga este bucle en su ganchillo y ténselo tirando del extremo del hilo. El nudo y todos los demás puntos que haga deberán colocarse en la parte más gruesa del ganchillo, llamada la varilla, justo después del extremo de este.

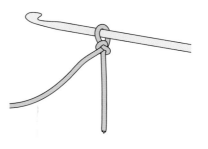

SOSTENER EL GANCHILLO

Debe saber que no existe una forma correcta o incorrecta de hacerlo. Lo importante es saber que su mano derecha controla el ganchillo y que este es el que hace los puntos creando bucles con el hilo.

Existen dos posturas principales para sostener su ganchillo. Pruebe las dos y vea cuál le parece más natural.

POSICIÓN DE CUCHILLO

Sostenga el ganchillo en su mano derecha con esta sobre la parte superior, el pulgar en un lado y los dedos en el otro lado de la zona de agarre.

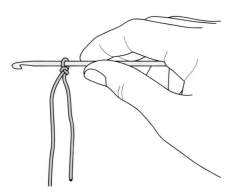

POSICIÓN DE LÁPIZ

Sostenga el ganchillo en su mano derecha, como lo haría con un lápiz. De nuevo, su pulgar y sus dedos deben estar sobre la zona de agarre.

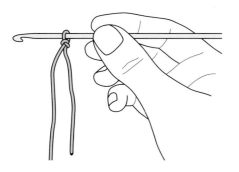

SOSTENER EL HILO

Hay un millón de formas diferentes de sostener el hilo; lo más importante que debe recordar es que su mano izquierda es la que introduce y controla el hilo.

Pruebe este método para empezar:

1. Coloque la parte de hilo con la que está trabajando alrededor del meñique y hacia arriba, en torno al índice. Su meñique y su índice controlan la circulación del hilo

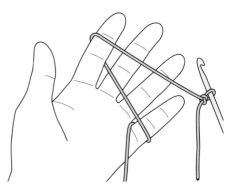

2. Con su pulgar y su dedo corazón, sostenga el hilo en el ganchillo. Esto lo mantiene todo en su sitio.

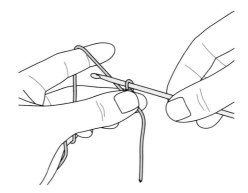

3. Estabilice el ganchillo con su mano derecha.

Y esto, amigos y amigas, es el modo básico de sostener el hilo. Perfecto.

Vuélvalo a probar todo unas cuantas veces. Al principio, parecerá algo extraño e incómodo. Pero, con la práctica, se volverá más agradable y sus movimientos se producirán de forma natural. En poco tiempo, habrá desarrollado un estilo propio que le convendrá.

¿Preparado? Pues vamos a empezar...

EMPEZAR
A TEJER

Ahora que ya sabe cómo sostener el hilo y el ganchillo, es hora de empezar a tejer. Este capítulo muestra los puntos básicos (ya lo remarqué cuando dije que sólo necesita aprender unos pocos). Así, conocerá el punto de cadeneta, el punto bajo, el punto alto y el punto medio: le mostraré cómo hacerlos y usted también podrá trabajar en algunos proyectos maravillosos.

Recuerde que está aprendiendo una nueva habilidad: no se desanime si todo va mal al inicio. Es un principiante. Todo lo que necesita es práctica.

(Debería ver algunos de mis primeros y desastrosos intentos...)

PUNTO DE CADENETA

Una cadeneta de puntos es algo muy útil y puede ser tan larga o corta como se precise. Al trabajar en filas, proporciona la base de su pieza, y en un proyecto decorativo puede servir para crear formas y espacios. En un patrón, cadeneta se escribe «cad», por lo que una cadeneta de cinco puntos se escribiría «5 cad».

Los primeros proyectos de este libro se basan en trabajar en filas, por lo que necesitará hacer una cadeneta base para empezarlos.

GRÁFICO

En un esquema, los puntos de cadeneta se representan así.

Intente hacer su cadeneta bastante floja, mantenga su hilo bajo control y sus puntos con una medida tan similar como sea posible. Su primer intento puede ser desastroso y puede que se pregunte cómo esto llegará a ser alguna vez algo bonito. Es completamente normal. Mejorará, ¡se lo prometo! Practique unas pocas veces más hasta que consiga algo parecido a una cadena. No tiene que ser perfecta pero intente relajarse y habituarse al proceso: al cabo de un rato empezará a parecerle menos extraño.

CÓMO HACER PUNTO DE CADENETA

1. De acuerdo, coja su hilo y ganchillo de prácticas, haga un nudo corredizo con el hilo y asegúrelo en el ganchillo (véase «Hacer un nudo corredizo», p. 14).

2. Ahora gire su ganchillo en el sentido contrario a las agujas del reloj y, así, el hilo queda sobre el ganchillo. Este movimiento se conoce como «coger hebra».

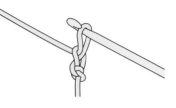

3. Coja el hilo con el ganchillo y páselo a través del bucle que ya está en su ganchillo. 1 cad hecha. Continúe del mismo modo hasta hacer una cadeneta de 15 puntos (15 cad).

Contar los puntos

Cada punto de crochet produce una forma de «V» en la parte superior. La «V» está compuesta por dos hebras: la delantera (la más cercana a usted) y la trasera (la más lejana). Cuando cuente sus puntos, no debe incluir nunca el bucle en su ganchillo, ya que es el siguiente punto que se va a tejer.

Cadeneta de giro

Cuando trabaje en filas, necesitará hacer una cadeneta extra al inicio de cada fila. Es la llamada «cadeneta de giro», y ayuda a llegar a la siguiente fila imitando la altura del punto que está utilizando; un punto bajo necesita una cadeneta de giro de sólo 1 cad.

Revés de la cadeneta

Únicamente para que lo sepa: esta es la parte trasera de la cadeneta. Esas pequeñas líneas se llaman el «trasero» del punto.

TRABAJAR EN LA CADENETA

Existen tres métodos diferentes para que pruebe:

DIFÍCIL

Introduzca el ganchillo por debajo de las dos hebras de la «V» y entre la parte trasera del punto. Aporta un acabado bonito pero es una maniobra algo incómoda y puede poner a prueba su paciencia.

ALGO COMPLICADO

Introduzca el ganchillo por debajo de la hebra superior de la «V» y de la parte trasera, dejando la hebra inferior libre. Aporta un borde pulcro y es algo menos complicado que la primera opción.

FACILÍSIMO

¿Por qué andarse con tonterías cuando puede introducir simplemente el ganchillo bajo la hebra superior y conseguirlo así? El acabado puede ser menos uniforme pero, honestamente, como principiante, vamos a hacerlo fácil.

PUNTO BAJO

El punto bajo es un punto pequeño, corto y denso que produce un tejido sólido y poco elástico. Nos referimos a él como «pb» en los patrones escritos.

GRÁFICO

Empiece por la fila de la parte inferior, leyendo de izquierda a derecha. Esta no está numerada porque es la cadeneta base. Aquí, está compuesta por 15 puntos de cadeneta. La fila 1 va de derecha a izquierda y muestra la cadeneta de giro, seguida de 15 puntos bajos. La fila 2 se lee de izquierda a derecha de nuevo con la siguiente cadeneta de giro y otra fila de puntos bajos.

No se preocupe si comete errores. Es muy fácil acabar con más o menos puntos de los que empezó y esto le ocurre incluso al tejedor más experto. El ganchillo se comporta bien y no se deshace por todo el suelo. Es lo que hace que sea tan sencillo corregir cualquier problema. Simplemente extraiga el ganchillo y estire con suavidad el hilo hasta donde está el error o hasta el principio de una fila, si es más fácil. Reintroduzca entonces el ganchillo en el bucle que está trabajando y ya estará en marcha de nuevo.

Recuerde hacer una cadeneta de giro al inicio de cada fila e ignórela entonces introduciendo cada vez su ganchillo en el segundo punto desde el ganchillo.

Base de la cadeneta: teja una base de 15 cadenetas

Primero, necesitará una base de 15 cadenetas (véase «Tutorial de puntos: Punto de cadeneta», p. 14).

Fila 1: (1 cad) 15 pb (15 ptos)

1. Haga 1 cadeneta (cadeneta de giro) y teja a lo largo de la base de la cadeneta que acaba de hacer. Tejiendo de derecha a izquierda, introduzca el ganchillo en la segunda cadeneta desde el ganchillo (ignore la cadeneta de giro).

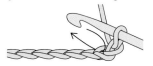

2. Coja hebra y pásela a través del punto. («El punto» se refiere a aquel en el que usted acaba de introducir el ganchillo. En esta ilustración es el primer bucle sobre el ganchillo).

3. Tendrá dos bucles sobre el ganchillo. Coja hebra de nuevo y pase el hilo a través de los dos bucles.

4. Un punto bajo hecho. ¡Hurra!

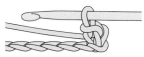

5. Repita este proceso en toda la cadeneta, justo hasta el nudo corredizo. Debería tener 15 puntos bajos (véase «Contar los puntos», p. 19).

Cuando teja en filas, su labor parecerá igual por ambos lados. Sin embargo, si se fija, verá una diferencia entre el derecho y el revés de los puntos.

Fila 2: (1 cad, girar) 15 pb (15 ptos)

A partir de ahora, es mucho más fácil; cuando teja esta y las otras filas de puntos, debe trabajar a través de las dos hebras de la «V».

1. Haga 1 cadeneta (su cadeneta de giro) y gire la labor, tejiendo los puntos bajos exactamente de la misma forma.

2. Empezando en el segundo punto desde el ganchillo (ignore la cadeneta de giro), introduzca el ganchillo a través de las dos hebras (la «V») del punto.

3. Coja hebra y pase el hilo a través del punto (tendrá dos bucles en el ganchillo).

4. Coja hebra de nuevo, esta vez pasando el hilo por ambos bucles. ¡Un punto bajo hecho!

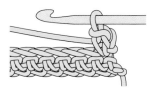

5. Continúe a lo largo de la fila, recordando introducir el ganchillo por las dos hebras de la «V» y contando los puntos al final.

Fila 3: Continúe igual que en la fila 2 a partir de ahora

FUNDA PARA CAFETERA

Esta funda para cafetera es un perfecto primer proyecto, sin sorpresas. Practicará el nudo corredizo, la cadeneta y el punto bajo y es su primera oportunidad de trabajar a partir de un patrón muy simple.

NECESITARÁ

Yo he utilizado...

- 1 ovillo de 100 g de lana Pure Wool Aran de Filaan en Cedro (color 674)

Podría utilizar...

- Cualquier hilo y ganchillo adecuados; podría servir cualquier hilo de grosor medio con algo de lana en su composición para el aislamiento

También necesitará...

- Una cafetera
- Un ganchillo de 4,5 mm
- Una aguja de tapicero
- 90 cm de cinta de 3 mm de ancho y cortada en trozos de 30 cm

Medida final:

28 × 14 cm

PATRÓN

Al inicio de cada fila, recuerde tejer una cadeneta y girar. Es importante, ya que el patrón a menudo sólo lo indica al inicio, en vez de ponerlo en cada fila.

Cadeneta base: 50 cad bastante flojas

Fila 1: 50 pb a lo largo de la cadeneta (empezando en el 2o punto desde el ganchillo)

Filas 2-30: 50 pb (empezando en el 2o punto desde el ganchillo).

Finalizar y rematar los extremos (véase p. 121).

ACABADO

Para añadir los trozos de cinta, enhebre la cinta a través de la aguja de tapicero y cósala entre los puntos de un lado al otro. Le será más fácil colocar primero la funda alrededor de la cafetera. Ate la cinta en un lazo y ¡tachán! Su primera pieza de ganchillo está hecha.

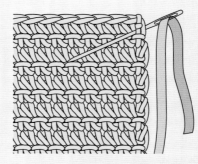

Adaptar el patrón

Puede ajustar fácilmente este patrón a su cafetera midiendo el perímetro. Su cadeneta de inicio tendrá que medir 2 cm menos. Para ajustar la altura de su funda, simplemente haga más o menos filas.

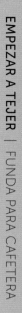

DISMINUCIÓN DE PUNTO BAJO

A menos que sea feliz tejiendo rectángulos para toda la eternidad, necesitará saber cómo cambiar el número de puntos en su fila. Para disminuir puntos, un método común es tejer juntos dos puntos bajos, lo que se abrevia como «dism» en los patrones.

GRÁFICO

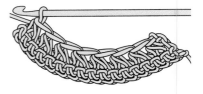

Los símbolos de dism se muestran en la segunda y la tercera filas. En el ejemplo de puntos, la dism está en los extremos de las filas.

Cadeneta base: Haga una base de 16 cadenetas

Fila 1: (1 cad), 16 pb

1. Para esta fila, haga 16 puntos bajos como antes. Recuerde hacer la cadeneta de giro al inicio.

Fila 2: (1 cad, girar) dism hasta el final (8 ptos)

1. Teja una cadeneta y gire. Para hacer la disminución, introduzca el ganchillo en el segundo punto desde el ganchillo, bajo las dos hebras de la «V».

2. Coja hebra y pásela a través del punto (tendrá dos bucles sobre el ganchillo). Ahora introduzca el ganchillo en el siguiente punto (véase la flecha).

3. Coja hebra y pásela a través del punto (ahora con tres bucles sobre el ganchillo). Coja hebra de nuevo y pásela a través de los tres bucles.

4. Ahora, continúe a lo largo de su trabajo, disminuyendo los puntos a medida que avanza. Al final de la fila, tendrá ocho puntos, que se muestran como «(8 ptos)» en el patrón.

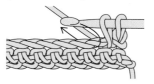

Fila 3: (1 cad, girar) dism hasta el final (4 ptos)

1. Teja una cadeneta, gire y disminuya (dism) a lo largo hasta el final de la fila.

Una vez se sienta seguro, estará listo para probar el proyecto Banderola para Bebé (véanse pp. 26-27).

TUTORIAL DE PUNTOS:

AUMENTO DE PUNTO BAJO

El siguiente paso es aprender a incrementar puntos en su labor. Es otra manera de dar forma a su proyecto y no podía ser más fácil; todo lo que usted hace es añadir más de un punto al que está tejiendo. Un aumento se mostrará como «aum» o algo similar, dependiendo del patrón.

GRÁFICO

En el ejemplo, los aumentos están en los extremos de las filas.

Cadeneta base: 8 cad

Fila 1: (1 cad) 8 pb

Fila 2: (1 cad, girar) 2 pb en cada pto hasta el final (16 ptos)

1. Es muy fácil tejer dos puntos bajos en un solo punto. Teja el punto bajo como lo haría habitualmente y luego haga otro exactamente en el mismo punto (véase la flecha).

2. En cada punto haga dos puntos bajos. Acabará con 16 puntos al final de la fila.

Fila 3: (1 cad, girar) (1 pb, 2 pb en el siguiente pto) repetir hasta el final (24 ptos)

1. Ahora es algo diferente. Aquí, necesita hacer un punto bajo en el primer punto de la fila y entonces dos puntos bajos en el siguiente, alternando entre un punto bajo y dos puntos bajos a lo largo de la fila. Acabará al final con 24 puntos.

Continúe practicando hasta que se sienta seguro. Cuando crea que ya está preparado, el proyecto de los Pequeños Corazones (véanse pp. 28-29) le espera... Es un reto mayor, con un par de nuevas técnicas mezcladas, pero está más que preparado.

BANDEROLA PARA BEBÉ

Las banderas de esta banderola tan bonita se hacen tejiendo hacia atrás y hacia delante en filas de punto bajo. Una simple dism de punto bajo se realiza al principio y al final de cada tres filas para dar forma de triángulo a la labor.

NECESITARÁ

Yo he utilizado...

• 1 ovillo de 50 g de hilo de algodón Paris Cotton Aran de Drops en Púrpura Claro (color 05), Púrpura Medio (color 31), Púrpura Azulado Claro (color 32) Rosa Claro (color 57), Rosa Empolvado (color 58), Rosa Antiguo Claro (color 59), Rosa Antiguo Oscuro (color 60)

Podría utilizar:

• Hilo y ganchillo adecuado

También necesitará...

• Ganchillo de 4,5 mm
• Aguja de tapicero
• 3 m de cinta de blonda
• Aguja de coser, hilo o pegamento
• Almidón en espray

Medida final:

9 x 13 cm.

GRÁFICO

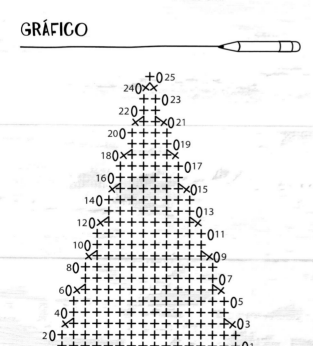

PATRÓN

(Haga 19)

Cadeneta base: 16 cad

Al inicio de cada fila, haga una cadeneta y gire.

Fila 1: 16 pb

Fila 2: 16 pb

Fila 3: dism, 12 pb, dism (14 ptos)

Fila 4: 14 pb

Fila 5: 14 pb

Fila 6: dism, 10 pb, dism (12 ptos)

Fila 7: 12 pb

Fila 8: 12 pb

Fila 9: dism, 8 pb, dism (10 ptos)

Fila 10: 10 pb

Fila 11: 10 pb

Fila 12: dism, 6 pb, dism (8 ptos)

Fila 13: 8 pb

Fila 14: 8 pb

Fila 15: dism, 4 pb, dism (6 pb)

Fila 16: 6 pb

Fila 17: 6 pb

Fila 18: dism, 2 pb, dism (4 pb)

Fila 19: 4 pb

Fila 20: 4 pb

Fila 21: dism, dism (2 pb)

Fila 22: 2 pb

Fila 23: 2 pb

Fila 24: dism (1 pb)

Fila 25: 1 pb

Finalizar y rematar los extremos (véase p. 121).

Una pequeña advertencia sobre el hilo: lo elegí porque me encantan los colores pero las hebras tienen tendencia a separarse. De todos modos, es fácilmente sustituible por otro hilo sin alterar el patrón.

ACABADO

Estire y dé forma a sus triángulos (véase «Toques finales», pp. 118-125); una vez estén secos, cosa o pegue la cinta sobre las partes superiores de las banderas, dejando unos 25 cm de cinta al principio y al final y un espacio de 3 cm entre cada bandera. A continuación, ¡cuelgue la banderola para que todos la disfruten!

Solución de problemas

A medida que va tejiendo, sus triángulos pueden enroscarse y no quedarían bien. Puede utilizar espray de almidón para ayudarles a mantener la forma.

PEQUEÑOS CORAZONES

Estos dulces y pequeños corazones están tejidos en filas de punto bajo, utilizando aumentos y disminuciones en los extremos de las filas para darles forma. En vez de coser las dos piezas juntas, le enseñaré a unirlos utilizando el punto bajo. ¡Es tan fácil que el problema será cómo parar de hacerlos!

NECESITARÁ

Yo he utilizado...

- 1 ovillo de 100 g de algodón Classic Cotton DK de Stylecraft en: Cerceta (color 3566), Lima Suave (color 3663), Nocturno (color 3669), Celeste (color 3671), Gamba (color 3674), Plata (color 3675), Jade Tropical (color 3676)

- 1 ovillo de 50 g de algodón Rico Creative Cotton Aran en Vainilla (color 62)

Podría utilizar...

- Hilo y ganchillo adecuados

También necesitará...

- Ganchillo de 4 mm
- Aguja de tapicero
- Relleno para juguetes
- Cintas, cuerda y botones para decorar

Medida final

Corazón grande: 11 x 9 cm

Corazón pequeño: 8 x 7 cm

CORAZÓN PEQUEÑO

GRÁFICO

PATRÓN

(Haga 2)

Cadeneta base: 2 cad

Al inicio de cada fila, haga una cadeneta y gire.

Fila 1: 2 pb

Fila 2: 2 pb en cada pto (4 ptos)

Fila 3: 2 pb en el primer pto, 2 pb, 2 pb en el último pto (6 ptos)

Fila 4: 2 pb en el primer pto, 4 pb, 2 pb en el último pto (8 ptos)

Fila 5: 2 pb en el primer pto, 6 pb, 2 pb en el último pto (10 ptos)

Fila 6: 2 pb en el primer pto, 8 pb, 2 pb en el último pto (12 ptos)

Fila 7: 2 pb en el primer pto, 10 pb, 2 pb en el último pto (14 ptos)

Filas 8-10: 14 pb

Las filas 11-13 del patrón forman una mitad de la parte superior del corazón. Esto significa que en la fila 11 solo se tejen los primeros siete puntos antes de girar y continuar de regreso por la fila 12.

Fila 11: dism, 3 pb, dism (5 ptos)

Fila 12: 5 pb

Fila 13: dism, 1 pb, dism (3 ptos)

Finalizar (véase p. 121).

No es necesario girar el corazón, así que simplemente coloque un nudo corredizo en el ganchillo e introdúzcalo en el séptimo punto desde la izquierda en la fila 10.

Fila 11a: dism, 3 pb, dism (5 ptos)

Fila 12a: 5 pb

Fila 13a: dism, 1 pb, dism (3 ptos)

Finalizar.

ACABADO

Para unir las dos partes, coloque una sobre la otra, asegurándose de que ambas piezas tienen la misma forma. No existe una ciencia exacta para esto, pero pronto adquirirá práctica.

1. Empezando por la parte inferior del corazón, coloque un nudo corredizo sobre el ganchillo e introdúzcalo a través de un punto cercano al extremo de las dos piezas del corazón. Coja hebra y haga un punto bajo.

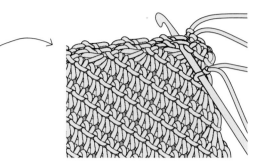

2. Continúe tejiendo puntos bajos en los puntos del borde de las dos partes del corazón, uniéndolas y tejiendo en sentido contrario a las agujas del reloj. Necesitará hacer dos o más puntos bajos en algunos de los puntos alrededor de la parte superior del corazón para igualar la forma.

3. Antes de volver donde empezó, introduzca dentro del corazón relleno para juguetes. Acábelo tejiendo puntos bajos hasta el final y finalice. Remate los extremos (véase p. 121).

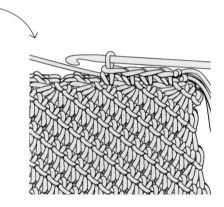

4. Para completar su corazón, decórelo como quiera, añadiendo cintas para colgarlo o botones para adornarlo.

Puede meter algunos extremos de hilo dentro del corazón a medida que teje, de manera que no sea necesario rematarlos más tarde.

CORAZÓN GRANDE

GRÁFICO

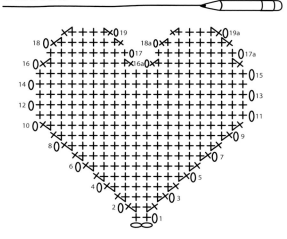

VARIACIONES

Podría intentar utilizar un color de hilo que contraste para tejer el borde de alrededor, o convertirlo en un fantástico regalo para alguien añadiendo al relleno aceites esenciales o lavanda seca para hacer corazones perfumados.

PATRÓN

(Haga 2)

Cadeneta base: 2 cad

Al inicio de cada fila, haga una cadeneta y gire.

Fila 1: 2 pb

Fila 2: 2 pb en cada pto (4 ptos)

Fila 3: 2 pb en el primer pto, 2 pb, 2 pb en el último pto (6 ptos)

Fila 4: 2 pb en el primer pto, 4 pb, 2 pb en el último pto (8 ptos)

Fila 5: 2 pb en el primer pto, 6 pb, 2 pb en el último pto (10 ptos)

Fila 6: 2 pb en el primer pto, 8 pb, 2 pb en el último pto (12 ptos)

Fila 7: 2 pb en el primer pto, 10 pb, 2 pb en el último pto (14 ptos)

Fila 8: 2 pb en el primer pto, 12 pb, 2 pb en el último pto (16 ptos)

Fila 9: 2 pb en el primer pto, 14 pb, 2 pb en el último pto (18 ptos)

Fila 10: 2 pb en el primer pto, 16 pb, 2 pb en el último pto (20 ptos)

Filas 11-15: 20 pb

Las filas 16-19 forman una mitad de la parte superior del corazón, por lo que en la fila 16 sólo se tejen los primeros 10 puntos antes de girar y continuar de regreso por la fila 17.

Fila 16: dism, 6 pb, dism (8 ptos)

Fila 17: 8 pb

Fila 18: dism, 4 pb, dism (6 ptos)

Fila 19: dism, 2 pb, dism (4 ptos)

Finalizar.

Gire el corazón, coloque un nudo corredizo en el ganchillo e introdúzcalo en el décimo punto desde la izquierda en la fila 15.

Fila 16a: dism, 6 pb, dism (8 ptos)

Fila 17a: 8 pb

Fila 18a: dism, 4 pb, dism (6 ptos)

Fila 19a: dism, 2 pb, dism (4 ptos)

Finalizar.

ACABADO

Para finalizar, una las dos piezas con punto bajo al igual que en el corazón pequeño.

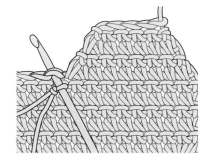

PUNTO ALTO

El punto alto es ligeramente más largo que el punto bajo. Esto se consigue cogiendo hebra alrededor del ganchillo antes de empezar el primer punto. Los puntos altos son útiles para añadir altura a su labor y son importantes a la hora de crear motivos decorativos. También son algo más elásticos que su primo pequeño y tupido, el punto bajo. El punto alto se indicará como «pa» en un patrón.

Al igual que con el punto bajo, debe recordar tejer una cadeneta de giro, aunque, como el punto alto es más largo, una sola no será suficiente. Necesitará hacer una cadeneta de giro de tres puntos para alcanzar la altura de un punto alto.

GRÁFICO

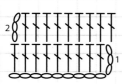

Este es el gráfico de ganchillo para el punto alto. Aquí puede ver que las tres cadenetas de giro cuentan como un punto alto:

Este es el aspecto que tiene el punto alto trabajado en filas:

Cadeneta base: 9 cad

Fila 1: (3 cad) 9 pa (10 ptos)

1. Así, para la fila 1 necesitará hacer 3 puntos de cadeneta más (adicionales a los de su cadeneta base) para la cadeneta de giro y entonces tejer a lo largo de la cadeneta base.

2. Para hacer el punto alto, coja hebra e introduzca el ganchillo por la cuarta cadeneta desde el ganchillo (ignore las tres primeras cadenetas, ya que forman la cadeneta de giro).

3. Coja hebra y pásela a través del punto: debería tener tres bucles en su ganchillo.

4. A continuación, coja hebra y pásela a través de los primeros dos bucles del ganchillo; deberían quedarle dos bucles más sobre el ganchillo.

5. Para finalizar el punto alto, coja hebra y pásela por los dos bucles restantes. ¡Un punto alto hecho!

6. Continúe a lo largo de la fila recordando coger hebra antes de tejer cada punto. Cuando llegue al final tendrá nueve puntos altos y una cadeneta de 3 puntos. La cadeneta de giro cuenta como un punto alto, así que, de hecho, tiene 10 puntos.

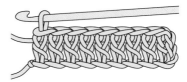

Fila 2: (3 cad, girar) 9 pa (10 ptos)

1. Para la fila siguiente, haga tres cadenetas (la cadeneta de giro) y gire su labor.

2. Coja hebra e introduzca su ganchillo en el quinto punto desde el ganchillo. Ignore la cadeneta de giro y el primer punto en la base (si teje en este punto, añadirá un punto extra en cada fila). Así, haga un punto alto en el quinto punto y continúe hasta que alcance la cadeneta de giro de la fila inferior.

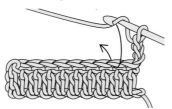

3. Recuerde que la cadeneta de giro actúa como un punto, por lo que haga su último punto alto en el punto superior de la cadeneta.

4. Al final de la fila, tendrá 10 puntos (nueve puntos altos «reales» y una cadeneta de 3 que simula ser un punto alto). Trabajo hecho.

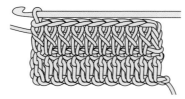

Continúe practicando a lo largo de las filas recordando la cadeneta de giro de tres. Una vez domine esto, estará preparado para el próximo proyecto.

PULSERAS RECICLADAS

¿Tiene alguna pulsera gruesa que le aburre? ¡Ya no! Con un poco de ganchillo, algo de pegamento y una aguja, puede actualizarla. Es un proyecto fácil y rápido para practicar el punto alto. Este patrón se adapta fácilmente para ajustarse a cualquier medida de pulsera (véase <<Adaptar el patrón>>, p. 36).

NECESITARÁ

Yo he utilizado...

- 1 ovillo de 50 g de Handknit Cotton DK de Filaan en: Pizarra (color 347), Berenjena (color 348) y Verde Agua (color 352)

Podría utilizar...

- Cualquier hilo y ganchillo adecuados

También necesitará...

- Una pulsera
- Un ganchillo de 4 mm
- Una aguja de tapicero
- Pegamento

Medida final:

26 × 7 cm

PULSERA BERENJENA

PATRÓN

Cadeneta base: 12 cad

Fila 1: (3 cad) 12 pa (empezando en la cuarta cadeneta desde el ganchillo) (13 ptos)

Filas 2-24: (3 cad, girar) 12 pa (empezando en la quinta cadeneta desde el ganchillo) (13 ptos)

Finalizar (véase p. 121), dejando 1 m de extremo de hilo para el acabado.

Adaptar el patrón

Puede adaptar este patrón para ajustarlo a cualquier pulsera que quiera renovar. Simplemente mida alrededor la anchura de la pulsera y haga su cadeneta inicial de la misma medida.

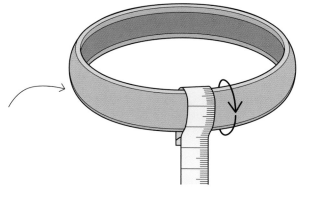

PULSERAS GRIS Y VERDE

PATRÓN

Cadeneta base: 44 cad

Fila 1: (3 cad) 44 pa (empezando en la cuarta cadeneta desde el ganchillo) (45 ptos)

Filas 2-6: (3 cad, girar) 44 pa (empezando en la quinta cadeneta desde el ganchillo) (45 ptos)

Finalizar, dejando 1 m de extremo de hilo para el acabado.

Adaptar el patrón

Mida la circunferencia y haga su cadeneta inicial de cinco puntos menos que esta medida.

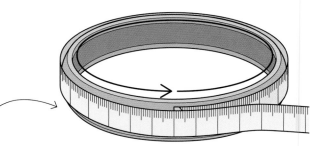

Recuerde tejer tres cadenetas y empiece su primera fila en la cuarta cadeneta desde el ganchillo. Para todas las demás filas, haga tres cadenetas, gire y empiece en la quinta cadeneta desde el ganchillo. Haga suficientes filas para ajustarse alrededor de la pulsera, comprobando de forma regular que encaja.

ACABADO

1. Es muy sencillo. En primer lugar, asegúrese de que su labor se ajusta a la pulsera y añada algunos toques de pegamento alrededor del borde exterior.

2. Envuelva su labor alrededor de la pulsera con el pegamento manteniéndola en su sitio, enhebre la aguja de tapicero con el extremo de hilo largo y cosa uniendo los lados por el exterior.

3. Una vez haya hecho esto, sólo necesita unir y coser los bordes del interior de la pulsera. En realidad, no existe ninguna técnica especial para ello y, al estar en la parte interna, no se verá, por lo que simplemente hágalo a su aire. Enhebre y pase la aguja de tapicero a través de los puntos para crear una unión sólida entre los dos bordes. También puede añadir toques de pegamento a medida que avanza para mantener la labor en su sitio.

4. Remate los extremos y deje secar antes de llevarla y lucirla.

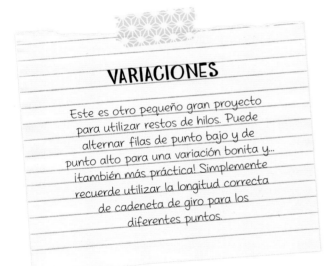

VARIACIONES

Este es otro pequeño gran proyecto para utilizar restos de hilos. Puede alternar filas de punto bajo y de punto alto para una variación bonita y... ¡también más práctica! Simplemente recuerde utilizar la longitud correcta de cadeneta de giro para los diferentes puntos.

PUNTO MEDIO

El punto medio es exactamente eso: ¡la mitad de un punto alto! Es un poco más largo que un punto bajo y más corto que uno alto. Al igual que el punto bajo, el punto medio crea un punto bastante denso, pero con algo más de elasticidad. El punto medio se abrevia como «pm» en los patrones.

Para empezar, un punto medio se hace de la misma forma que uno alto y también necesita una cadeneta de giro, esta vez de sólo dos puntos. Cuando se teje en filas de punto medio, la cadeneta de giro no cuenta como un punto. Así, le encantará oír que no hay puntos fastidiosos en la parte superior de las cadenetas.

GRÁFICO

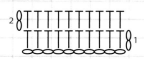

El símbolo de punto medio utilizado en el gráfico es similar al de punto alto. Puede ver que las dos cadenetas de giro se ignoran al inicio de cada fila.

Cadeneta base: 10 cad

Fila 1: (2 cad) 10 pm (10 ptos)

1. Haga dos cadenetas, trabaje a lo largo de la cadeneta base y coja hebra alrededor del ganchillo. Introduzca el ganchillo en el tercer punto desde el ganchillo, ignorando las dos cadenetas desde su cadeneta de giro.

3. Coja hebra y pásela por todos los bucles. ¡Ya tiene su punto medio hecho!

4. Repita esto a lo largo de la cadeneta.

2. Coja hebra y pásela a través del punto; debería tener tres bucles sobre el ganchillo.

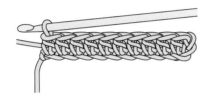

Fila 2: (2 cad, girar) 10 pm (10 ptos)

1. Haga dos cadenetas, gire y repita como antes, tejiendo su primer punto medio en el tercer punto desde el ganchillo cada vez.

Practique unas cuantas filas y prepárese para el proyecto. ¡Habrá montones y montones de puntos medios en este!

A veces puede ser un poco fastidioso pasar el hilo por los tres bucles al hacer el punto medio, por lo que mantenga el hilo bastante suelto e intente enrollar el ganchillo de lado a lado para que los bucles queden más flojos.

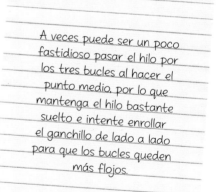

PAÑOS DE COCINA

Odio las tareas del hogar, pero deme un paño de cocina alegre y el trabajo de repente se vuelve atractivo. Tejidos en filas de medio punto y acabados con un ribete de punto bajo de color contrastado y de un hilo de algodón resistente, estos paños de cocina podrían ser también toallitas, trapos o limpiacristales. Y, como están tejidos en un hilo de algodón resistente, se pueden lavar a máquina y le durarán años.

NECESITARÁ

Yo he utilizado...
• 1 ovillo de 50 g de hilo de algodón Creative Cotton Aran en:

  A) Gris Espuma (color 28)

  B) Blanco (color 80)

  C) Pistacho (color 44)

  D) Turquesa (color 36)

Podría utilizar...
• Cualquier hilo y ganchillo adecuados: 100% algodón ligero o el denominado «kitchen cotton» irían bien.

También necesitará...
• Ganchillo de 4 mm
• Aguja de tapicero

Medida final:
Paño grande:
20 × 20 cm
Paño pequeño:
15 × 15 cm

PAÑO GRANDE

PATRÓN

Necesita tejer dos cadenetas al inicio de cada fila, pero recuerde que esta cadeneta de giro no cuenta como un punto cuando tejemos puntos medios. Después de la fila 1, gire su labor tras cada cadeneta de giro.

Cadeneta base: utilizando el color A, 35 cad

Fila 1-26: 35 pm

Finalizar y rematar los extremos (véase p. 121).

Ribete

Este es su primer cambio de color, pero no se preocupe, es fácil de hacer en este proyecto. Añada el hilo blanco a su ganchillo con un nudo corredizo (véase p. 14).

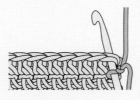

Ahora simplemente pase el ganchillo a través de uno de los puntos medios —puede empezar por cualquier sitio pero a mí me gusta comenzar unos tres puntos a partir de la esquina— y simplemente inicie su punto bajo. Recuerde tejer de derecha a izquierda, en el sentido contrario a las agujas del reloj.

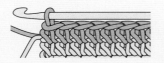

Verá que los lados de su paño de cocina tienen menos puntos que los bordes superior e inferior. Esto se debe a que el punto medio es más alto que ancho. No se preocupe si acaba con más o menos puntos de lo que indica el patrón del ribete, realmente no importa.

Vuelta 1: utilizando el color B, *33 pb a lo largo de los bordes superior e inferior, 3 pb en el punto de la esquina, 24 pb por el lado, 3 pb en el punto de la esquina.* *repita en cada lado del paño de cocina. Finalizar.

Vuelta 2: utilizando el color C, *35 pb a lo largo de los bordes superior e inferior, 2 pb en el punto de la esquina, 26 pb por el lado, 2 pb en el punto de la esquina.* *repita en cada lado del paño de cocina.
Finalizar y rematar los extremos.

PAÑO PEQUEÑO

PATRÓN

Al inicio de cada fila, necesita tejer dos cadenetas, pero no cuente la cadeneta de giro como un punto. Después de la fila 1, gire su labor tras cada cadeneta de giro.

Cadeneta base: utilizando el color C o D, 25 cad

Filas 1-19: 25 pm

Finalizar y rematar los extremos.

Ribete

Al igual que con el paño grande, añada el hilo blanco a su ganchillo con un nudo corredizo, páselo a través de uno de los puntos del borde exterior de su paño pequeño y haga punto bajo alrededor.

Vuelta 1: utilizando el color B, *23 pb a lo largo de los bordes superior e inferior, 3 pb en el punto de la esquina, 17 pb por el lado, 3 pb en el punto de la esquina.* *repita en cada lado del paño de cocina. Finalizar.

Vuelta 2: utilizando el color C, *25 pb a lo largo de los bordes superior e inferior, 2 pb en el punto de la esquina, 19 pb por el lado, 2 pb en el punto de la esquina.* *repita en cada lado del paño de cocina.
Finalizar y rematar los extremos.

VARIACIONES

¡Estos paños de cocina son geniales, prácticos y bonitos!

Podría intentar añadir un lazo para colgarlos cosiendo un trozo de cinta en una esquina y así podrá almacenarlos de forma fácil. Variar los colores para adaptarlos a su decoración sería un toque bonito y, si se atreve, podría alternar filas de punto medio y de punto bajo para una versión con una bella textura.

ESCOGER
Y TEJER

De acuerdo, ahora ya sabe cómo tejer los puntos básicos, por lo que ha llegado el momento de combinarlos un poco. Mientras que tejer con un solo punto puede ser muy eficaz y ciertamente tiene sus utilidades, muchos patrones le indican que debe hacer un montón de puntos diferentes: puede ser que usted cambie de punto en cada fila o que en una misma fila necesite hacer combinaciones diferentes.

Utilizar varios puntos puede crear algunos efectos sorprendentes y tejer algunos bellos diseños a lo largo de su labor. A menudo se saltará puntos y utilizará puntos de cadeneta para crear espacios. Podría encontrar también puntos altos agrupados juntos para formar un racimo, o separados para componer un abanico. Combinando diferentes puntos, será capaz de tejer espirales de encaje, formas de «V», además de estrellas, flores y conchas, añadiendo cada uno de ellos más decoración y profundidad a su labor.

No debe olvidar dónde está en el patrón. Un contador de vueltas puede ser útil aquí y tal vez estaría bien tener a mano lápiz y papel para tomar notas.

COMBINAR PUNTOS

LEER PATRONES ESCRITOS

Como antes, cada patrón detallará los puntos para cada fila. Parecerán algo más complicados a primera vista, pero por suerte se utilizan algunas convenciones para hacer algo más fácil su seguimiento; a menudo encontrará un conjunto de instrucciones de puntos entre paréntesis. Estos puntos están agrupados juntos por una razón y el patrón le explicará por qué.

Fila 3: 3 cad, girar, (2 pa, 1 cad, 2 pa) en el primer pto

1. Aquí el paréntesis contiene un conjunto de puntos que necesitan tejerse en el primer punto: dos puntos altos, una cadeneta y dos puntos altos más.

Fila 4: 3 cad, girar *(2 pa, 1 cad, 2 pa) en el primer pto, saltar 2 ptos, (2 pa, 1 cad, 2 pa) en el siguiente pto, saltar 2 ptos*, repetir hasta el final de la fila

1. A veces se encontrará con un conjunto de puntos que han de repetirse a lo largo de la fila o vuelta. Casi siempre los encontrará entre asteriscos.

De acuerdo. Respire hondo y lea la fila. Hay dos asteriscos con un buen trozo de patrón entre ellos. Primero tejerá los puntos entre paréntesis en el primer punto, se saltará dos puntos y entonces tejerá los puntos del siguiente paréntesis en el punto siguiente y se saltará dos puntos. Esto se repite a lo largo de la fila.

También descubrirá que en estos patrones más complicados no se indica el número de puntos de cada fila al final de la instrucción.

Esto es porque no necesita contar los puntos, sino asegurarse de que sigue el número correcto de secuencias de puntos. Si llega al final de la fila sin puntos sobrantes, ¡lo ha conseguido!

Ciertamente, estas instrucciones escritas pueden parecer algo desalentadoras. Se necesita, después de todo, mucha descripción. Lo mejor que se puede hacer es trabajar progresivamente a lo largo de las instrucciones en lugar de intentar recordar toda la línea. Las instrucciones bien escritas le indicarán exactamente dónde colocar su ganchillo y qué hacer con él. Y, de hecho, una vez que empiece a tejer, todo será mucho más sencillo, se lo prometo.

Afortunadamente, muchos patrones complicados tendrán un gráfico para darle una referencia visual. La ventaja añadida es que los puntos y formas son fáciles de ver y pueden ser más fáciles de seguir que en el patrón escrito. Estos gráficos le mostrarán a menudo una parte reducida, especialmente si hay repeticiones del patrón. Verá ejemplos de estos tipos a medida que vaya trabajando los proyectos.

SÚPER BUFANDA

Lo que hace a esta bufanda súper es el hecho de que es enorme, cálida y cómoda, pero no es nada tupida. Le mantendrá caliente sin sentir peso alrededor del cuello. Esto se debe a que está tejida en punto de malla utilizando un ganchillo grande de 15 mm, lo que crea una textura abierta y diáfana. ¿Punto de malla? Simplemente es un punto alto seguido de un punto de cadeneta.

Ah, y tiene pompones. A todo el mundo le gustan los pompones, ¿verdad?

NECESITARÁ

Yo he utilizado...
- 3 ovillos de 100 g de lana Big Wool de Filaan en Terciopelo Azul (color 026)

Podría utilizar...
- Cualquier lana gruesa y un ganchillo adecuado. Un mayor contenido de lana le mantendrá más caliente.

También necesitará...
- Un ganchillo de 15 mm
- Aguja de tapicero
- Un aparato para hacer pompones de 65 mm o hacerlos usted mismo (véase «Adornos», pp. 123-125)

Medida final:
23 x 230 cm

GRÁFICO

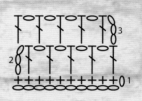

ACABADO

Ate los pompones a cada esquina y remate los extremos. Ahora puede llevar su bufanda a lo largo, al estilo bohemio o alrededor del cuello con tantas vueltas como se ajuste. Estará súper caliente en su súper bufanda, sin importar el frío que haga fuera.

PATRÓN

Su primera tarea es hacer cuatro pompones. Deje cada uno con unos 20 cm de hilo para poder coserlos luego a la bufanda.

Cadeneta base: 16 cad

Fila 1: (1 cad) 16 pb

Fila 2: (3 cad, girar) 1 pa en la 5a cadeneta desde el ganchillo, *1 cad, saltar 1 pto, 1 pa*, repetir a lo largo

Fila 3: (3 cad, girar) *1 pa en el espacio de 1 cad, 1 cad*, repetir a lo largo. 1 pa en la parte superior de las 3 cad de la fila anterior

Filas 4-72: (aprox) repetir fila 3

Fila 73: (1 cad, girar) 16 pb.

Finalizar y rematar los extremos (véase p. 121).

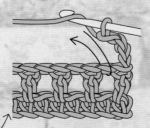

Añadir hilo nuevo a su labor

Esta bufanda utiliza hasta el último trozo de hilo
de sus tres ovillos de lana, por lo que necesitará
saber cuándo debe añadir hilo nuevo a su labor.
Cuando llegue al final de su hilo, tiene que dejar
un extremo de 15 cm. Haga un punto alto como
siempre hasta que le queden dos bucles sobre
el ganchillo. Aparte el hilo del ovillo que se está
acabando y sujete el hilo del nuevo ovillo con la
mano derecha. Coja hebra con el nuevo hilo y
páselo por los bucles para completar el punto.
Teja unos cuantos puntos más antes de unir
los extremos (los rematará para que al final
no se vean).

CALENTADORES HOLGADOS

Ya ha guardado las botas de invierno, el sol de la primavera ya llama a la puerta pero aún hace fresco por las mañanas. Mantenga sus piernas calientes con estos pequeños y suaves calentadores. Tejidos con un hilo agradable y cálido, combinan filas de punto en «V» con grupos de puntos altos para crear un diseño bonito y sencillo.

NECESITARÁ

Yo he utilizado...
- 1 ovillo de 100 g de Creative Focus Worsted de Filaan en Mantillo (color 06)

Podría utilizar...
- Cualquier tipo de hilo de peso ligero con el ganchillo adecuado

También necesitará...
- Ganchillo de 7 mm
- Aguja de tapicero

Medida final:
29 × 27 cm

GRÁFICO

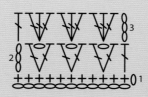

PATRÓN

(Haga 2)

Cadeneta base: 44 cad

Fila 1: (1 cad), 44 pb

Fila 2: (3 cad, girar) (1 pa, 1 cad, 1 pa) en el 6o pto desde el ganchillo, *salte 2 ptos (1 pa, 1 cad, 1 pa) en el sig pto* repita a lo largo de la fila hasta que queden 2 ptos, entonces salte un punto y teja 1 pa en el último pto

Fila 3: (3 cad, girar) 3 pa en cada espacio de 1 cad a lo largo de la fila. Para el punto final, 1 pa en la parte superior de las 3 cad de la fila inferior

Filas 4 a 21: Repita las filas 2 y 3 de forma alterna
Deje un extremo de 70 cm para el acabado final.

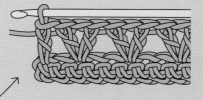

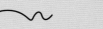

ACABADO

Con la parte del derecho hacia usted (el extremo de
la cadeneta base quedará en la esquina izquierda
de la parte inferior), gire los bordes externos hacia el
centro y enhebre la aguja roma con el extremo de hilo
sobrante. Cosa las dos partes unidas asegurándose de
que no queden grandes agujeros a lo largo de las costuras.
Entonces finalice (véase p. 121), remate los extremos
(véase p. 121) y gírelos para ponerlos del derecho. Estos
pequeños calentadores son perfectos para calentar
ese trozo entre sus vaqueros pitillo y sus bailarinas.
Se acabaron los tobillos fríos.

Adaptar el patrón

Es fácil adaptar el patrón: si desea calentadores más
largos o más cortos simplemente añada o quite filas.
Si necesita alterar la anchura, únicamente tiene que
cambiar la longitud de la cadeneta base; sólo debe
asegurarse de que el número total de puntos es
múltiplo de tres y añada entonces dos más.

VARIACIONES

¿Por qué no doblar la anchura
de este patrón? Conseguirá un bonito
cuello, y si lo estrecha mucho
más, ¡podría hacer también un
hermoso par de mitones!

CUELLO CAPRICHOSO

El complemento perfecto para un conjunto aburrido: un adorable cuello de ganchillo que añadirá un toque de distinción, y, encima, se trata de un proyecto rápido y fácil de iniciar. Aún tejerá en filas, pero esta vez cada una es diferente, creando un bonito ribete ondulado y elegante.

NECESITARÁ

Yo he utilizado...
- 1 ovillo de 50 g de hilo de algodón Handknit Cotton de Rowan en Lino (color 205)

Podría utilizar...
- Cualquier hilo ligero y el ganchillo adecuado

También necesitará...
- Ganchillo de 4 mm
- 1 m de cinta o cordón de piel de 2,5 mm de ancho
- Cuentas de madera
- Aguja de tapicero

Medida final:
39,5 × 4 cm

GRÁFICO

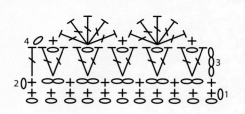

ACABADO

Enhebre cuerda o cinta y pásela a través de la segunda fila de su cuello, ponga las cuentas en los extremos y haga un nudo para asegurarlas. Decisiones, decisiones... ¿debería llevar el cuello con el lazo hacia delante o hacia atrás? Usted misma. Simplemente asegúrese de que va acompañado de una sonrisa alegre y añada algo de fantasía a su guardarropa.

PATRÓN

Cadeneta base: 71 cad

Fila 1: (1 cad) 71 pb

Fila 2: (1 cad, girar) 1 pb, *2 cad, saltar 1 pto, 1 pb*, repetir a lo largo de la fila

Fila 3: (3 cad, girar) (1 pa, 1 cad, 1 pa) en cada uno de los espacios de 2 cad. 1 pa en el último pto

Fila 4: (1 cad, girar), 1 pa en el primer espacio de 1 cad, *5 pa en el siguiente espacio de 1 cad, 1 pb en el siguiente espacio de 1 cad*, repetir a lo largo de la fila

Finalizar y rematar los extremos (véase p. 121).

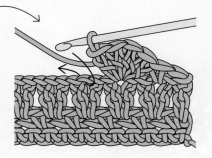

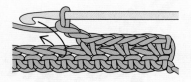

Adaptar el patrón

Si desea tejer un cuello más largo o más corto, simplemente aumente o disminuya el número de cadenetas en la fila base. Asegúrese de que el número total de cadenetas es múltiplo de cuatro y añada tres más para que el patrón funcione a la perfección.

VARIACIONES

Aunque los hilos de algodón funcionan muy bien
con este patrón, siempre puede experimentar.
Sería divertido elegir un mohair sedoso para
hacer un cuello de invierno o incluso lana súper
gruesa para una mega versión.

TEJER EN VUELTAS

Hasta este momento, usted ha tejido en filas, hacia adelante y hacia atrás, hacia adelante y hacia atrás, girando y girando su labor. ¡Se acabó! Dé la bienvenida a trabajar en una dirección... dando vueltas y vueltas. No es más difícil que tejer en filas y, una vez domine lo básico, se le abrirá un nuevo mundo de posibilidades creativas.

Ya he mencionado que existen dos modos diferentes de trabajar con círculos: en plano (para alfombras, posavasos, salvamanteles) y en tres dimensiones (gorros, bolsos y juguetes). Para todos ellos, usted empieza su labor no con una fila, sino con un círculo, y trabaja alrededor, aumentando y disminuyendo puntos para darle forma y altura.

A veces, cuando teja en un círculo, unirá el final de una vuelta con el inicio de la siguiente. A esto se le llama «vuelta unida». Necesitará hacerlo cuando teja un motivo como una blonda o un *granny square*. Al inicio de cada vuelta, hará una cadeneta de puntos para imitar la altura del punto pero, al contrario que en una cadeneta de giro, no girará la labor.

Otras veces tejerá en vueltas continuas. Aquí no hay uniones ni cadenetas. Simplemente continúe tejiendo. Hará esto principalmente cuando el patrón indique tejer en un solo tipo de punto (a menudo punto bajo) y es lo normal cuando se tejen juguetes o algo que requiera un punto denso, como un gorro.

Manos a la obra, vamos a hacer algunos círculos...

HACER CÍRCULOS

Existen tres métodos para empezar una vuelta, y el patrón debería informarle de cuál. Los tres funcionan igual de bien, así que pruébelos todos y decida cuál prefiere. Asegúrese de que tiene un marcador de puntos a mano. Empezaremos con punto bajo, pero estos métodos también funcionan con puntos más altos.

MÉTODO DE 2 CADENETAS

Llamado así porque se empieza con una cadeneta de dos puntos.

Vuelta 1: 2 cad, 6 pb en la segunda cad desde el ganchillo

1. En el segundo punto desde el ganchillo, teja seis puntos bajos.

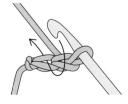

2. Cuente las «V». ¿Ve los seis puntos? Esta es la primera vuelta que hace. Después de hacer la siguiente, puede estirar del extremo del hilo para ajustar ligeramente el orificio.

No se preocupe por la sobredimensión de puntos, su cadeneta se ensanchará lo suficiente para encajar todos los puntos dentro.

MÉTODO DE LA CADENETA UNIDA

Algunas veces, cuando tiene que tejer más puntos en su primera vuelta, necesita un círculo algo más grande, y esto puede conseguirse haciendo un círculo de puntos de cadeneta.

Vuelta 1: 4 cad y unirlas con un pr 9 pb en el anillo

1. Primero, haga una cadeneta de cuatro puntos. A continuación, necesita saber cómo hacer un punto de unión y existe un pequeño punto muy útil, llamado punto raso (pr), que es perfecto para esto. Un punto raso no tiene nada de altura, por lo que no interfiere con los puntos que ha tejido.

2. Introduzca su ganchillo en el primer punto de cadeneta.

3. Coja hebra y pásela por todos los bucles sobre su ganchillo.

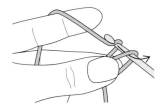

4. Haga una cadeneta (que aquí no cuenta como un punto) y entonces meta nueve puntos bajos en el orificio central del anillo, no en los puntos. Pase su ganchillo a través del anillo, coja hebra y haga un punto bajo de la forma habitual. Haga los otros ochos puntos bajos.

MÉTODO DEL CÍRCULO MÁGICO

Este método crea un círculo que puede ajustarse, de forma que el orificio en el medio puede hacerse prácticamente invisible. En un patrón estaría escrito como:

Vuelta 1: 6 pb en un anillo mágico

1. Haga un bucle con el hilo de forma que el extremo quede por detrás de la hebra con la que trabajamos.

3. Introduzca su ganchillo a través del círculo y coja hebra.

5. Ahora haga seis puntos dobles en el círculo, trabajando sobre las dos hebras del hilo.

2. Sostenga el punto en el que se cruza con sus dedos pulgar y corazón.

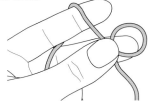

4. Pase hebra y coja hilo de nuevo. Esto sujeta el hilo.

6. Estire lenta y firmemente del extremo del hilo y observe como el círculo se cierra y se ajusta.

TEJER EN VUELTAS CONTINUAS

Vuelta 2: 2 pb en cada pto (12 ptos)

1. Con seis puntos bajos en su círculo inicial, necesita tejer dos puntos bajos en cada punto durante toda la vuelta. Haga su primer punto bajo y coloque su marcador de puntos. Entonces haga otro punto bajo en el mismo punto. Continúe alrededor, tejiendo dos puntos bajos en cada punto. Tendrá 12 puntos al final de esta vuelta.

Vuelta 3: *1 pb, 2 pb en el siguiente punto*, repetir toda la vuelta (18 ptos)

1. En esta vuelta, los aumentos son menos frecuentes. Quite su marcador de puntos y haga un punto bajo en el primer punto. Coloque de nuevo el marcador de puntos. Ahora haga dos puntos bajos en el siguiente punto. Repita esta serie toda la vuelta: un punto bajo en el primer punto, dos puntos bajos en el siguiente. Acabará teniendo 18 puntos.

Con este método de tejer círculos, es muy importante que utilice un marcador de puntos para saber dónde está el inicio de cada vuelta, ya que todo parece igual. Pero ¿qué hacer si se cae mientras está tejiendo? Simplemente reintrodúzcalo más o menos donde crea que estaba. No afectará tanto a su patrón como para preocuparse.

TEJER EN VUELTAS CERRADAS

Cualquier cosa que utilice un punto decorativo se tejerá de este modo.

Vuelta 1: 2 cad, 6 pb en el segundo punto desde el ganchillo o 6 pb en un círculo mágico. 1 pr en la parte superior de las 2 cad para cerrar la vuelta

1. Para practicar, empiece una cadeneta de dos y haga entonces seis puntos bajos en su círculo inicial. Cierre la vuelta haciendo un punto raso (véase «Método de la cadeneta unida», p. 57) en la parte superior de las dos cadenetas.

Vuelta 2: 3 cad (cuenta como el 1r pa), 1 pa en el mismo pto, 2 pa en cada pto durante toda la vuelta. Cerrar la vuelta con 1 pr en la parte superior de las 3 cad (12 ptos)

1. Aquí, usted hace una cadeneta de tres puntos (que pretende ser un punto alto). Coloque el marcador de puntos en la tercera cadeneta y entonces teja un punto alto en el mismo punto (mire dónde cerró la vuelta con el punto raso: allí es donde hará el punto alto).

2. Ahora haga dos puntos altos en cada punto durante toda la vuelta. Tendrá un total de 11 puntos altos y una cadeneta de tres puntos como un punto alto con su marcador en la parte superior.

3. A continuación, para cerrar la vuelta, simplemente haga un punto raso en la parte superior de las tres cadenetas (señalada con el marcador).

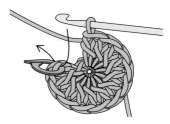

LA DISMINUCIÓN INVISIBLE

Esta es una variación fácil de la disminución de puntos. Ofrece un acabado casi invisible a sus disminuciones cuando teje en vueltas. Puede utilizar el método de la disminución invisible siempre que vea «dism» en un patrón.

1. Para tejer el punto, introduzca el ganchillo por debajo de la hebra delantera del primer punto y, luego, bajo la hebra delantera del segundo punto (tendrá tres bucles en el ganchillo).

2. Coja hebra y pásela por los primeros dos bucles.

3. Coja hebra y pásela por ambos bucles. Apenas será capaz de ver sus disminuciones.

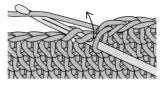

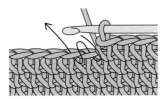

Practique estas técnicas si quiere o, si está preparado, ¿por qué no intentar los proyectos? Le darán la oportunidad de probar sus nuevas habilidades y ¡le harán ir dando vueltas y vueltas en círculos!

POSAVASOS COSTEROS

Tejidos en apagados tonos playeros, estos posavasos de algodón son el compañero perfecto de su café de la mañana. Además de su aspecto elegante, evitarán que las desagradables gotas manchen su mesa, pueden lavarse y son resistentes. ¡Le encantarán!

NECESITARÁ

Yo he utilizado...

- 1 ovillo de 50 g de Simply Recycled DK de Sirdar en: Arcilla (color 13), Denim (color 16), Mota (color 18) y Polen (color 19).

Podría utilizar...

- Cualquier hilo y ganchillo adecuados; simplemente recuerde que cuánto más grueso sea el hilo, más grande quedará el posavasos

También necesitará...

- Ganchillo de 4 mm
- Marcador de puntos
- Aguja de tapicero

Medida final:

9 cm

GRÁFICO

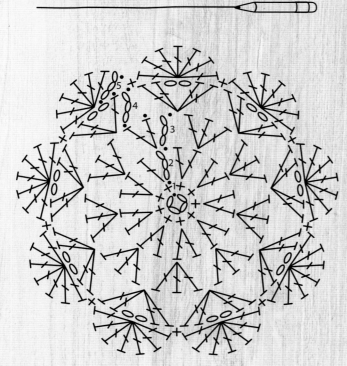

PATRÓN

Vuelta 1: 4 cad y unirlas con un pr 9 pb en el anillo o 9 pb en un círculo mágico. 1 pr en el primer pb para cerrar la vuelta

Vuelta 2: 3 cad (cuentan como el primer pa) y 1 pa en el mismo pto, 2 pa en cada pto alrededor. 1 pr en la parte superior de las 3 cad para cerrar la vuelta (18 ptos)

Vuelta 3: 3 cad (cuentan como el primer pa) y 2 pa en el mismo pto, *saltar 1 pto, 3 pa en el siguiente pto*, repetir alrededor.

1 pr en la parte superior de las 3 cad para cerrar la vuelta (27 ptos)

Vuelta 4: Tejer pr hasta el primer espacio entre grupos de 3 pa (3 cad [cuentan como el primer pa], 1 pa, 2 cad, 2 pa en el mismo espacio), *(2 pa, 2 cad, 2 pa) en el siguiente espacio*, repetir alrededor. 1 pr en la parte superior de las 3 cad para cerrar la vuelta

Vuelta 5: Tejer pr hasta el primer espacio de 2 cad. (3 cad [cuentan como pa], 6 pa en el espacio de 2 cad), 1 pb en el espacio entre grupos, *7 pa en el espacio de 2 cad, 1 pb en el espacio entre grupos*, repetir alrededor. 1 pr en la parte superior de las 3 cad para cerrar la vuelta

Finalizar y rematar los extremos (véase p. 121).

ACABADO

Colóquelo decorativamente en su mesa del café, ponga encima una bebida que le guste y admírelo.

Solución de problemas

Estos posavasos necesitarán lavarse para eliminar los restos de su café y verá que quedarán algo arrugados después. Plánchelos con cuidado por el revés del posavasos tratando de no estropear los puntos.

ACERICO PRÁCTICO

Un acerico es algo muy útil. Un bote para guardar sus cositas de manualidades es otro objeto muy útil. ¿Y una combinación de ambos? ¡Seguramente se trata de una pareja ideada en el paraíso de las manualidades!

Tejido enteramente en punto bajo, este pequeño y sencillo proyecto utiliza vueltas continuas para formar una esfera y empleará los aumentos y las disminuciones que ya conoce para dar forma al acerico.

NECESITARÁ

Yo he utilizado...
- 1 ovillo de 50 g de Paris Cotton Aran de Drops en Blanco Roto (color 17)

Podría utilizar...
- Cualquier hilo y ganchillo adecuados. Este proyecto utiliza poca cantidad de lana, por lo que es perfecto para aprovechar las sobras de otros proyectos

También necesitará...
- Ganchillo de 4,5 mm
- Aguja de tapicero
- Relleno para juguetes
- Bote de mermelada (la tapa del mío mide 6 cm de diámetro, pero cualquiera servirá)
- Cinta ancha para cubrir el lateral de la tapa
- Pegamento fuerte

Medida final:
10 x 7 cm

PATRÓN

Vuelta 1: 2 cad, 6 pb en el 2o pto desde el ganchillo o 6 pb en un anillo mágico

Vuelta 2: 2 pb en cada pto alrededor (12 ptos)

Vuelta 3: 2 pb en cada pto alrededor (24 ptos)

Vueltas 4-5: 24 pb

Vuelta 6: *1 pb, 2 pb en el siguiente pto*, repetir alrededor (36 ptos)

Vuelta 7: *5 pb, 2 pb en el siguiente pto*, repetir alrededor (42 ptos)

Vueltas 8-13: 42 pb

Vuelta 14: *5 pb, dism*, repetir alrededor (36 ptos)

Utilice el método de disminución invisible aquí (véase p. 59) si lo desea.

Vuelta 15: * 4 pb, dism*, repetir alrededor (30 ptos)

Vuelta 16: 30 pb

Vuelta 17: dism toda la vuelta (15 ptos)

Finalizar y rematar los extremos (véase p. 121).

El derecho y el revés

Este es un buen momento para hablar del derecho y del revés de su labor, porque cuando teje en una dirección, su labor tiene un derecho y un revés muy diferentes.

El derecho es el lado con puntos en «V» continuos.

El revés tiene una fila de «V» y otra de rayitas o guiones.

Cuando tejo, la parte del derecho normalmente acaba en el interior. Si le pasa lo mismo, simplemente dele la vuelta a su labor hacia el lado correcto.

ACABADO

Rellénelo con firmeza. Enganche con pegamento el acerico a la tapa del bote de mermelada y la cinta alrededor del borde de la tapa. Déjelo secar y utilícelo para guardar sus preciosos objetos.

VARIACIONES

Podría hacer que el acerico fuera más alto.
Sólo tiene que repetir las vueltas 8-13 tantas
veces como desee. O, por qué no, tejer un
conjunto de ellos utilizando botes
de mermelada de diferentes medidas.
¡Nunca volverá a perder nada!

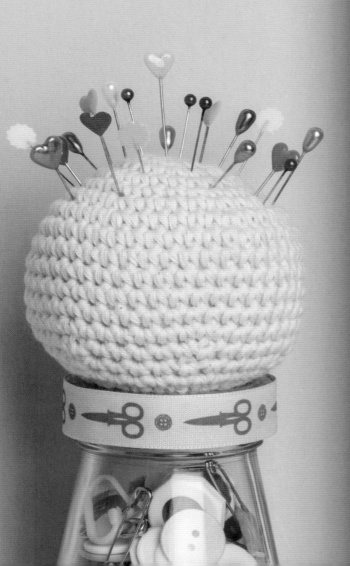

OSITOS BERTIE Y BETTY

Este estilo de ganchillo se llama «amigurumi», una palabra japonesa que significa «muñeco tejido». Los patrones de amigurumis se tejen en vueltas continuas de punto bajo y, aunque parezcan complejos, son fáciles de hacer. Bertie y Betty son exactamente el mismo patrón. Tuve que hacer dos porque Bertie parecía un poco triste, tan solo.

NECESITARÁ:

Yo he utilizado...

- Para Bertie: 1 ovillo de 50 g de Creative Cotton Aran de Rico en Arcilla (color 51)
- Para Betty: 1 ovillo de 50 g de Creative Cotton Aran de Rico en Azul Claro (color 32)

Podría utilizar...

- Estos ositos pueden hacerse con prácticamente el hilo que desee. Cualquiera, de ligero a medio, irá bien

También necesitará...

- Ganchillo de 4,5 mm
- Un par de ojos de seguridad de 6 mm
- Fieltro o tela para la nariz y el parche de la tripa
- Hilo de bordar en color marrón para la nariz y en un color adecuado para coser el parche de la tripa
- Aguja de bordar
- Aguja de tapicero
- Relleno para juguetes
- Pegamento
- Algo de cinta para el lazo de 6 mm de ancho

Medida final:

10 x 7 cm

PATRÓN

Cabeza y cuerpo

(Haga 1)

Vuelta 1: 2 cad, 5 pb en el 2o pto desde el ganchillo o 5 pb en un anillo mágico

Vuelta 2: 2 pb en cada pto alrededor (10 ptos)

Vuelta 3: 2 pb en cada pto alrededor (20 ptos)

Vuelta 4: 20 pb

Vuelta 5: *1 pb, 2 pb en el siguiente pto*, repetir alrededor (30 ptos)

Vueltas 6-11: 30 pb

Vuelta 12: *1 pb, dism*, repetir alrededor (20 ptos)

Vuelta 13: 20 pb

Ahora tiene que añadir los ojos de seguridad. Introdúzcalos entre las vueltas 10 y 11, separados por unos seis puntos. Empiece a rellenar la cabeza.

Vuelta 14: dism toda la vuelta (10 ptos)

Acabe de rellenar la cabeza. Necesita estar bastante firme.

Vuelta 15: 10 pb

Vuelta 16: *1 pb, 2 pb en el siguiente pto*, repetir toda la vuelta (15 ptos)

Vuelta 17: 15 pb

Vuelta 18: *2 pb, 2 pb en el siguiente pto*, repetir alrededor (20 ptos)

Vuelta 19: 20 pb

Vuelta 20: *3 pb, 2 pb en el siguiente pto*, repetir alrededor (25 ptos)

Vueltas 21-24: 25 pb

Vuelta 25: *4 pb, 2 pb en el siguiente pto*, repetir alrededor (30 ptos)

Vueltas 26-27: 30 pb

Vuelta 28: *1 pb, dism*, repetir alrededor (20 ptos)

Vuelta 29: 20 pb

Empiece a rellenar el cuerpo.

Vuelta 30: dism toda la vuelta (10 ptos)

Acabe de rellenar el cuerpo.

Vuelta 31: dism × 3, dejando los puntos restantes sin tejer (7 ptos). Cerrar cosiendo (véase «Acabado», p. sig.) y rematar los extremos (véase p. 121).

Brazos

(Haga 2)

Vuelta 1: 2 cad, 4 pb en el 2o pto desde el ganchillo o 4 pb en un anillo mágico

Vuelta 2: 2 pb en cada pto alrededor (8 ptos)

Vueltas 3-5: 8 pb

Vuelta 6: *2 pb, dism*, repetir una vez (6 ptos)

Rellene la mano con firmeza. No necesita rellenar los brazos.

Vueltas 7-13: 6 pb. Finalizar (véase p. 121) y dejar unos 30 cm de hilo para coser al cuerpo más tarde.

Piernas

(Haga 2)

Vuelta 1: 2 cad, 5 pb en el 2o pto desde el ganchillo o 5 pb en un anillo mágico

Vuelta 2: 2 pb en cada pto alrededor (10 ptos)

Vueltas 3-5: 10 pb

Empiece a rellenar.

Vuelta 6: *3 pb, dism*, repetir una vez (8 ptos)

Vueltas 7-9: 8 pb

Vuelta 10: dism, 6 pb (7 ptos)

Vueltas 11-13: 7 pb Acabe rellenando con firmeza. **Finalizar** y dejar unos 30 cm de hilo para coser al cuerpo más tarde.

Orejas

(Haga 2)

Vuelta 1: 2 cad, 6 pb en el 2o pto desde el ganchillo o 6 pb en un anillo mágico

Vuelta 2: 2 pb en cada pto alrededor (12 ptos)

Vuelta 3: *1 pb, 2 pb en el siguiente pto*, repetir alrededor (18 ptos)

Vuelta 4: 18 pb

Vuelta 5: dism toda la vuelta (9 ptos)

Cierre cosiendo y deje unos 30 cm de hilo para coser a la cabeza.

ACABADO

Coser el cuerpo y las orejas y esconder los extremos

Enhebre el extremo de hilo sobrante a la aguja de tapicero y páselo por debajo de las hebras traseras de los puntos de la vuelta final. Estire suavemente y, como por arte de magia, el orificio se cerrará. Fije el hilo haciendo un pequeño nudo (pase la aguja por debajo de un punto y luego a través del bucle que ha hecho). Todo lo que queda por hacer es esconder ese extremo de hilo, así que meta la aguja dentro del oso y sáquela por el otro extremo. Estire el hilo tenso y córtelo con cuidado, ¡tan cerca del oso como se atreva! El extremo se retraerá ligeramente y desaparecerá dentro del cuerpo.

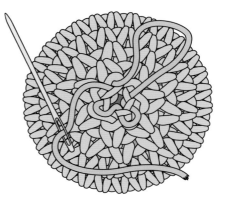

Coser las partes al cuerpo del oso

No existe ningún truco mágico para coser las extremidades en su lugar, simplemente lleva algo de paciencia.

1. Enhebre la aguja de tapicero con el extremo largo de hilo.

2. Decida donde quiere que vaya la extremidad.

3. Sostenga la extremidad en su lugar y cosa pequeños puntos entre la parte y el cuerpo para fijarla. La clave consiste en ir cosiendo metódicamente alrededor de la extremidad, asegurándose de que no quedan huecos. Sólo necesitará unos pocos puntos para conseguirlo.

4. No finalice ni remate los extremos hasta que le parezca bien su posición.

5. Una vez se decida, corte el hilo.

Toques finales

Recorte un pequeño círculo de fieltro (yo lo hice alrededor de un botón) y utilice hilo de bordar marrón para bordar una nariz. Use el pegamento para enganchar la nariz a la cara o cósala si lo prefiere. Recorte un pedazo oval para la tripa (no hace falta que tenga una forma perfecta) y, con hilo de bordar del color que desee, utilice un pespunte para coserlo al cuerpo (véase «Adornos cosidos», p. 124). Ate la cinta alrededor del cuello del oso.

Y así es como se teje un oso. Realmente es muy sencillo.

VARIACIONES

Puede alterar fácilmente la forma de estos osos. ¿Qué tal acortar el cuerpo o alargar brazos y piernas? Tan sólo tiene que aumentar o disminuir el número de vueltas que debe hacer.

GRANDES
CUADRADOS

Probablemente se trate de uno de los nombres más extraños para una técnica de ganchillo, pero los cuadrados o *grannies* se llaman así porque, antiguamente, eran nuestras abuelas (*grannies*, en inglés) las que tejían sin descanso todas las tardes para crear acogedoras mantas y chales que nos mantenían calientes. Un *granny square* es la forma tradicional de este estilo de ganchillo, que se hace repitiendo series de tres puntos altos y utilizando puntos de cadeneta para crear las esquinas. En la actualidad, los *grannies* hacen referencia a cualquier labor que utiliza esta misma agrupación de puntos altos y también pueden tejerse en filas.

EL «GRANNY SQUARE»

Es probablemente el más famoso de todos los objetos de ganchillo. Los *granny squares* se han utilizado para hacer mantas durante generaciones. Fueron especialmente populares en los años setenta y a menudo se creaban con ellos grotescas camisetas sin mangas que picaban, en poliéster naranja y marrón. Por suerte, los hilos modernos y la variedad de colores han revolucionado el *granny square*, y los diseñadores de ganchillo están convirtiendo este antiguo clásico en algo completamente, bien... más bonito.

La clave del éxito del *granny square* es su simplicidad; el cuadrado se trabaja en vueltas unidas, cada una de ellas formada por grupos de puntos altos, separados por puntos de cadeneta.

GRÁFICO

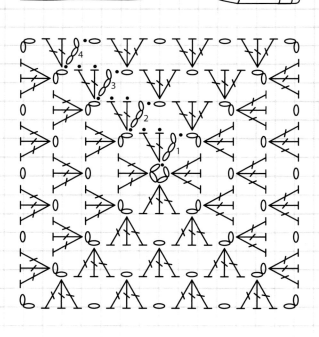

Es fácil detectar el avance de un patrón alrededor del cuadrado; grupos de tres puntos altos se intercalan con un punto de cadeneta a lo largo de los lados y dos puntos de cadeneta crean las esquinas.

TEJER UN «GRANNY SQUARE»

Los *grannies* se trabajan en círculo, por lo que necesita empezar con un círculo. Esto significa que el derecho de su labor es la parte que está frente a usted. Puede utilizar cualquiera de los métodos mostrados previamente (véase «Hacer círculos»). Yo prefiero el método del círculo mágico pero hagámoslo fácil en esta práctica y utilice una cadeneta unida (véanse «Método de la cadeneta unida», p. 57).

Círculo inicial: 4 cad y unir con un pr (creando un anillo)

Vuelta 1: 3 cad (cuenta como un pa), trabajando en el anillo, 2 pa, 2 cad, *3 pa, 2 cad*, repetir × 3. Un pr en la parte superior de las 3 cad para cerrar la vuelta

1. Haga una cadeneta de tres y dos puntos altos en el centro del anillo para hacer su primer grupo.

2. Haga dos cadenetas y tres puntos altos en el anillo. Repita esto dos veces más y cierre la vuelta en la parte superior de la tercera cadeneta con un punto raso.

3. Tendrá cuatro grupos de tres puntos altos, cada uno separado por dos cadenetas. (Estas cadenetas van a ser las esquinas de su *granny square*).

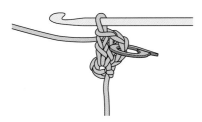

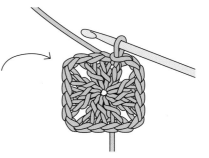

Vuelta 2: Tejer pr hasta el 1r espacio de 2 cad. (3 cad [cuenta como un pa], 2 pa, 2 cad, 3 pa) en el mismo espacio de 2 cad, 1 cad, *(3 pa, 2 cad, 3 pa) en el siguiente espacio de 2 cad, 1 cad*, repetir × 3. 1 pr en la parte superior de las 3 cad para cerrar la vuelta

1. Haga punto raso en los dos primeros puntos altos y en el primer espacio de dos cadenetas. Aquí es donde hará el primer grupo de esquina, así que haga tres cadenetas y dos puntos altos, seguidos por dos cadenetas (la esquina) y otros tres puntos altos.

2. Haga una cadeneta y el grupo de la esquina en el siguiente espacio de dos cadenetas: tres puntos altos, dos cadenetas, tres puntos altos. Repita esto en todas las esquinas y cierre la vuelta en la parte superior de la tercera cadeneta con un punto raso.

Al inicio de cada vuelta debe hacer una cadeneta y el primer punto bajo en el mismo punto. Al final de la vuelta, teja el punto de unión en la parte superior del primer punto bajo, ignorando la cadeneta y continuando como antes.

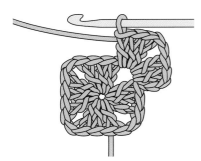

Vuelta 3: Tejer pr hasta el 1r espacio de 2 cad. (3 cad [cuenta como un pa], 2 pa, 2 cad, 3 pa) en el 1r espacio de 2 cad, 1 cad, *3 pa en el sig espacio de 1 cad, 1 cad, (3 pa, 2 cad, 3 pa) en el sig espacio de 2 cad, 1 cad*, repetir × 3. 1 pr en la parte superior de las 3 cad para cerrar la vuelta

1. Esta vuelta empieza exactamente de la misma manera, tejiendo el grupo de esquina (tres puntos altos, dos cadenetas, tres puntos altos).

2. A continuación, debe hacer una cadeneta y tejer tres puntos altos en el espacio de una cadeneta.

3. Haga una cadeneta y otro grupo de esquina. Repita la serie alrededor del cuadro hasta que llegue al inicio y cierre con un punto raso, como antes.

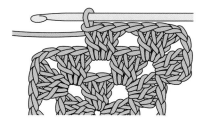

Vuelta 4: Tejer pr hasta el 1r espacio de 2 cad. (3 cad [cuenta como un pa], 2 pa, 2 cad, 3 pa) en el 1r espacio de 2 cad, 1 cad, *3 pa en el sig espacio de 1 cad, 1 cad, 3 pa en el sig espacio de 1 cad, 1 cad, (3 pa, 2 cad, 3 pa) en el sig espacio de 2 cad, 1 cad*, repetir × 3. 1 pr en la parte superior de las 3 cad para cerrar la vuelta

1. Como antes, haga el grupo de esquina (tres puntos altos, dos cadenetas, tres puntos altos).

2. A continuación, debe hacer una cadeneta y tres puntos altos en el espacio de una cadeneta. Repita esto de nuevo, ya que después tiene otro espacio de una cadeneta.

3. Haga una cadeneta y otro grupo de esquina. Repita la serie alrededor del cuadrado hasta que llegue al inicio y cierre con un punto raso, como antes.

MÁS ALLÁ DE LA VUELTA 4:

Probablemente está empezando a familiarizarse ya con este patrón: en cada espacio de dos cadenetas haga un grupo de esquina (tres puntos altos, dos cadenetas, tres puntos altos) y, en cada espacio de una cadeneta, teja un único grupo de tres cadenetas (tres puntos altos). Cada uno de esos grupos está separado por un punto de cadeneta.

CAMBIAR DE COLOR Y REMATAR LOS EXTREMOS

1. Después de que haya finalizado una vuelta, haga un punto raso en el espacio de dos cadenetas en la esquina, con lo que está listo para una nueva vuelta. Corte el hilo, dejando unos 10 cm, y estírelo a través del último punto, finalizando (véase «Finalizar», p. 121).

2. Ahora, anude este extremo junto con el nuevo color, por el revés de su labor, tan cerca de los puntos como pueda.

3. Coloque su ganchillo a través del espacio de dos cadenetas, coja hebra con el nuevo color y pase el hilo por el espacio.

4. Coja hebra y haga tres cadenetas como de costumbre.

5. Repita esto cuando quiera cambiar de color al inicio de una vuelta.

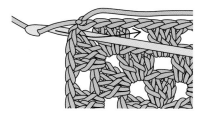

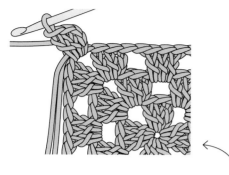

A nosotros, los tejedores, nos gusta ahorrar
algo de tiempo siempre que sea posible,
y un truco conocido es ir tejiendo sobre
los extremos de los hilos a medida que
avanzamos, con lo que no tendrá
que estar horas rematándolos todos
después. Para hacer esto, simplemente
teja sobre ambos extremos en todos
los puntos que haga en el primer
grupo de esquina. Una vez haya
acabado el cuadrado, puede
tensar un poco estos
extremos y cortarlos.

MANTA RELIQUIA

Me encantan las mantas tejidas a mano. Son fantásticas para envolverse con ellas en las tardes frías o para acurrucarse en su interior mientras vemos una película por la noche. Además, son un regalo perfecto para un recién nacido, para una nueva casa e incluso para un nuevo perrito. Yo he utilizado siete colores diferentes. He usado seis de los hilos en un orden aleatorio para crear las primeras tres vueltas de cada cuadrado. La última, la cuarta vuelta de cada uno, la he completado con el color crema, que también he usado para unir los cuadrados y para el borde.

NECESITARÁ

Yo he utilizado...

- 7 ovillos de 100 g de hilo grueso All Seasons de Rowan en Guijarro (color 601)
- 2 ovillos de 100 g de hilo grueso All Seasons de Rowan en: Deriva (color 603) y Orilla (color 604)
- 1 ovillo de 100 g de hilo grueso All Seasons de Rowan en: Jetsam (color 609), Piedra (color 610), Hinojo Marino (color 611) y Flotsam (color 612)

Podría utilizar...

- Cualquier hilo y ganchillo adecuados. El hilo más grueso crea cuadrados más grandes, por lo que necesitará menos de ellos para hacer la manta (no tiene nada que ver con que yo sea perezosa...)

También necesitará...

- Ganchillo de 7 mm
- Aguja de tapicero

Medida final:

1 x 1 m

PATRÓN

(Haga 49)

Círculo inicial: Teja 4 cadenetas con el primer color elegido y únalas con un punto raso o utilice el método del anillo mágico (véase p. 57)

Vuelta 1: 3 cad [cuenta como 1 pa] 2 pa, 2 cad, *3 pa, 2 cad*, repetir x 3. 1 pr en la parte superior de las 3 cad para cerrar la vuelta, pr hasta el 1r espacio de 2 cad

Vuelta 2: cambiar de color, (3 cad [cuenta como 1 pa] 2 pa, 2 cad, 3 pa) en el 1r espacio de 2 cad, 1 cad, *(3 pa, 2 cad, 3 pa) en el sig espacio de 2 cad, 1 cad*, repetir x 3. 1 pr en la parte superior de las 3 cad para cerrar la vuelta, pr hasta el 1r espacio de 2 cad

Vuelta 3: cambiar de color, (3 cad [cuenta como 1 pa] 2 pa, 2 cad, 3 pa) en el 1r espacio de 2 cad, 1 cad, *3 pa en el sig espacio de 1 cad, 1 cad, (3 pa, 2 cad, 3 pa) en el sig espacio de 2 cad, 1 cad*, repetir x 3. 1 pr en la parte superior de las 3 cad para cerrar la vuelta, pr hasta el 1r espacio de 2 cad

Vuelta 4: cambiar de color, (3 cad [cuenta como 1 pa] 2 pa, 2 cad, 3 pa) en el 1r espacio de 2 cad, 1 cad, *3 pa en el sig espacio de 1 cad, 1 cad, 3 pa en el sig espacio de 1 cad, 1 cad, (3 pa, 2 cad, 3 pa) en el sig espacio de 2 cad, 1 cad*, repetir x 3. 1 pr en la parte superior de las 3 cad para cerrar la vuelta.

Finalizar (véase p. 121).

ACABADO

Coser los cuadrados juntos

Existen muchas maneras diferentes de unir *granny squares*, para este proyecto vamos a usar puntadas sobrehiladas. Se trata de un método genial para unir costuras, ya que es rápido y proporciona un acabado seguro. Recuerde utilizar hilo del mismo color que la última vuelta del cuadrado, de manera que no se vean los puntos.

1. Decida la disposición de los cuadrados: quizá quiera colocarlos primero o cogerlos de forma aleatoria.

2. Decida su primera fila de siete cuadrados. (Los unirá para formar una fila).

3. Coja dos cuadrados y sosténgalos con el lado derecho contra el derecho. Observe cómo los puntos coinciden: son los que coserá por las hebras traseras (las más separadas entre sí).

4. Enhebre una aguja de tapicero con 50 cm de hilo del color elegido y empiece por la esquina de los cuadrados, haciendo una puntada sólo a través de las hebras traseras. Vuelva a coser por encima de este punto para asegurar el hilo, dejando unos 13 cm para rematar más tarde.

5. Introduzca la aguja por el siguiente par de puntos (por las hebras traseras) y pase el hilo. No lo estire demasiado o sus cuadrados quedarán algo torcidos.

6. Vuelva a pasar la aguja por el siguiente par de puntos. Continúe a lo largo del lateral del cuadrado, cosiendo a través de las hebras traseras de todos los pares.

7. Una vez haya llegado a la última esquina, finalice y remate los extremos (véase p. 121) y corte el hilo sobrante.

8. Añada otro cuadrado a los dos que ha unido. Repita los pasos 3-7 hasta que tenga una fila de siete cuadrados.

9. Repita los pasos 2-8 hasta que tenga siete filas.

Coser las filas juntas

1. Coja dos filas y sosténgalas con la parte del derecho contra la parte del derecho.

2. Corte unos 150 cm de hilo y cosa puntadas sobrehiladas a lo largo desde una esquina por toda la fila. Vale la pena doblar las puntadas en los puntos de las esquinas para no acabar con agujeros donde estas se unen.

3. Repita los pasos hasta que todas las filas estén unidas.

4. Finalice y remate los extremos (véase p. 121).

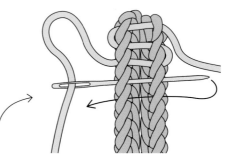

El ribete de la manta

La manta necesita un ribete para completar el proyecto y que los lados queden más arreglados. Necesitará hacer dos vueltas. La primera es una continuación del patrón del *granny square* y la segunda es una vuelta de punto bajo, como la que hicimos en los paños de cocina (véanse pp. 40-43). Si quiere probar algo un poco más sofisticado, eche un vistazo al capítulo «Tejer en el borde» (véanse pp. 104-117).

Con la parte del derecho mirando hacia usted, una el hilo a su ganchillo con un nudo corredizo (véase p. 14) e introduzca el ganchillo en el espacio de dos cadenetas de la esquina de la derecha de la manta.

VARIACIONES

Los *granny squares* pueden utilizarse para multitud de proyectos: cojines, colchas, ponchos, bufandas y bolsos. Simplemente ajuste el número de cuadrados para crear diseños más grandes o pequeños. Si recuerda los grupos de esquinas, la forma será la correcta. ¡Añada unas cuantas filas de ribete y lo habrá conseguido!

Vuelta 1: utilizando el color elegido, (3 cad [cuenta como un pa], 2 pa, 2 cad, 3 pa) en el espacio de 2 cad, 1 cad, *(3 pa en el sig espacio de 1 cad, 1 cad, repetir × 3), 2 pa en el sig espacio de 2 cad, 2 pa en el sig espacio de 2 cad, 1 cad*, repetir por todo el lateral, acabando con 3 pa, 2 cad, 3 pa en la esquina. Repetir alrededor en todos los lados de la manta. Punto raso en la parte superior de las 3 cad para cerrar la vuelta.

Esta vuelta parece mucho más complicada de lo que es. Haga el grupo de la esquina (tres cadenetas, dos puntos altos, dos cadenetas, tres puntos altos) y trabaje a lo largo del borde, tejiendo grupos de tres puntos altos separados por una cadeneta cada vez. La única diferencia en el patrón es cuando alcanza el punto en el que las dos esquinas de los cuadrados se unen (los espacios de dos cadenetas). Aquí, haga dos puntos altos en cada uno (no es necesario un punto de cadeneta para separarlos) y entonces siga del mismo modo que antes.

Vuelta 2: 1 cad, 2 pb, *3 pb en el espacio de 2 cad, 121 pb a lo largo de la fila*, repita en cada lado de la manta. Pr en la cad para cerrar la vuelta.

Finalizar y rematar los extremos.

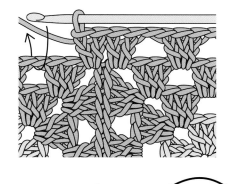

No se preocupe por contar los puntos alrededor del ribete. Mientras haga un punto bajo en todos los puntos y teja tres puntos bajos en cada esquina, le irá bien.

LA TIRA DE «GRANNY»

La tira de *granny* es una versión del *granny square* y se trabaja en filas. Utiliza el mismo patrón del motivo de grupos de tres puntos altos separados por una cadeneta, pero no tiene esquinas. Es igualmente versátil y puede utilizarse para hacer una gran variedad de proyectos. Este patrón es muy útil cuando necesita trabajar con una medida concreta, ya que se puede hacer tan largo o corto como se quiera.

GRÁFICO

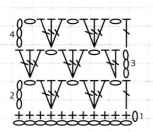

Bien, todo esto parece algo familiar, ¿verdad? Están aquellos grupos de tres puntos altos, separados de nuevo por una cadeneta. Esta vez, el patrón no tiene ninguna esquina; simplemente continúa y continúa en filas.

Cadeneta base: 15 cad

Fila 1: (1 cad), 15 pb

Fila 2: 4 cad, girar (cuenta como 1 pa y 1 cad), 3 pa en el 8o pto desde el ganchillo, *1 cad, saltar 3 puntos, 3 pa en el siguiente pto*, repetir a lo largo. Cuando quedan 3 ptos, 1 cad, saltar 2 ptos y 1 pa en el pto final

1. Para esta fila, haga cuatro cadenetas, gire y teja tres puntos altos en el octavo punto desde el ganchillo.

2. Haga una cadeneta, salte tres puntos y teja tres puntos altos en el siguiente punto.

3. Este patrón se repite a lo largo hasta que le queden sólo tres puntos. No se preocupe, no ha cometido ningún error, simplemente necesita hacer una cadeneta y un punto alto en el último punto.

Fila 3: 3 cad, girar (cuenta como 1 pa), 2 pa en el espacio de 1 cad, *1 cad, 3 pa en el espacio de 1 cad*, repetir a lo largo

1. Haga los grupos de puntos altos en cada espacio de una cadeneta y haga un punto de cadeneta entre ellos.

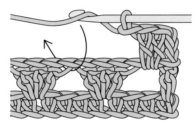

Fila 4: 4 cad, girar (cuenta como 1 pa y 1 cad), 3 pa en el 1r espacio de 1 cad, *1 cad, 3 pa en el siguiente espacio de 1 cad*, repetir a lo largo. Al final de la fila, 1 cad y 1 pa en el último pto

1. Para esta fila, haga cuatro cadenetas de nuevo y su primer grupo de tres puntos altos en el primer espacio de una cadeneta. Haga una cadeneta y el próximo grupo de puntos altos en el siguiente espacio de una cadeneta. Repita a lo largo de la fila. Cuando ya no le queden más espacios de una cadeneta, haga un punto de cadeneta y teja un punto alto en el último punto.

Fila 5 en adelante: repita las filas 3 y 4 de forma alterna

Si está preparado para el siguiente proyecto, ¡vamos a por ello! Seguimos con las tiras de *granny*, pero con un giro...

PANTALLA DE «GRANNY»

Una pantalla de lámpara es algo divertido. Está allí modesta, acumulando polvo, amarilleando gradualmente con el tiempo y un día, de repente, usted se da cuenta de lo horrible que es. Esto es exactamente lo que me sucedió a mí. Pero en vez de tirar la ofensiva pantalla a la basura, decidí que podía solucionarse con un poco de ganchillo. Y así creé la pantalla de *granny*.

NECESITARÁ

Yo he utilizado...

- 1 ovillo de 100 g de Special DK de Sylecraft en:

  A) Blanco (color 1001)

  B) Fondant (color 1241)

  C) Granada(color 1083)

  D) Turquesa (color 1068)

  E) Plata (color 1203)

  F) Álamo (color 1422)

- Ribete de borlas para encajar en la pantalla

Podría utilizar...

- Cualquier hilo ligero y ganchillo adecuados.

También necesitará...

- Una pantalla de lámpara
- Ganchillo de 4 mm
- Aguja de tapicero

Medida final:

68,5 × 20 cm

PATRÓN

Cadeneta base: utilizando el color A, 132 cad. Pr en la primera cadeneta para cerrar la vuelta (asegúrese de que su cadeneta no se ha girado)

Vuelta 1: 1 cad (cuenta como 1 pb), 131 pb. Pr en la parte superior de la primera cadeneta para cerrar la vuelta. Corte el hilo (véase p. 121) y una un nuevo color

Vuelta 2: utilizando el color B, (3 cad [cuenta como 1 pa], 2 pa) en el mismo pto, 1 cad, *saltar 3 ptos, 3 pa en el sig pto, 1 cad*, repetir alrededor. Pr en la parte superior de las 3 cad para cerrar la vuelta, pr hasta alcanzar el primer espacio de 1 cad. Corte el hilo y una un nuevo color

Vuelta 3: utilizando el color C, (3 cad [cuenta como 1 pa], 2 pa) en el primer espacio de 1 cad, *1 cad, 3 pa en el sig espacio de 1 cad*, repetir alrededor. Pr en la parte superior de las 3 cad para cerrar la vuelta, pr hasta el primer espacio de 1 cad. Cortar el hilo y unir un nuevo color

Vueltas 4-24: repetir vuelta 3

He utilizado los colores en el siguiente orden para las vueltas restantes:

C, D, E, C, F, A, E, F, D, B, E, D, C, A, F, A, C, E, B, D, F

Finalizar y rematar los extremos (véase p. 121).

ACABADO

Simplemente una el ribete cosiéndolo o pegándolo y *voilà*!

Adaptar el patrón

Mida el perímetro de su pantalla. Su cadeneta base deberá tener más o menos la misma longitud, PERO debe ser un múltiplo de cuatro para que el patrón funcione. Siga entonces las instrucciones del mismo modo. Sólo necesitará ajustar el número de filas para adaptarse a la altura de su lámpara.

VARIACIONES

Este proyecto se adapta a cualquier objeto cilíndrico que necesite una transformación. ¿Qué tal hacer un bonito bote para lápices alegrando un simple tarro de cristal con la magia de una tira de granny?

GANCHILLO
EXTREMO

Una de las cosas divertidas del ganchillo es jugar con la escala. ¿Qué sucede si hace el patrón del posavasos (véanse pp. 60-61) con hilo grueso? ¿O la bufanda (véanse pp. 48-49)? La mente se aturdiría por la medida de los osos Bertie y Betty (véanse pp. 64-67) si los tejiese con trapillo...

Para este tipo de ganchillo necesita utilizar los hilos más gruesos que pueda encontrar. Use también su imaginación: no es necesario que emplee hilo fabricado industrialmente. Piense en cuerda, cordón o cordel, o haga algo usted mismo. Existen muchos tutoriales online para hacer hilos gigantes a partir de camisetas, trapos, sábanas e incluso bolsas de plástico. Algo realmente sencillo de hacer es trabajar con varias hebras de hilo a la vez. Aquí, usted necesitará un montón de hilo acrílico ligero de los colores que desee con unas 10 hebras sostenidas a la vez.

Por supuesto, puede comprar también mega hilos ya fabricados para este propósito. Elija entre una gran variedad de lanas súper gruesas o trapillo. Los tres proyectos extremos de este libro utilizan trapillo comercializado, pero cualquiera servirá, ya que la medida no es importante.

También necesitará un ganchillo grande. Cualquiera de entre 12 y 20 mm irá bien (la etiqueta del hilo también le aconsejará sobre ello), pero como con todo en el ganchillo, depende de usted encontrar lo que mejor se adapta al proyecto en el que esté trabajando.

¿Cómo empezar? Bien, usted sostenga el ganchillo de la misma forma que lo haría con un ganchillo más pequeño e hilo. Verá que inicialmente tejerá más lento, pero pronto se acostumbrará y controlará su ganchillo a medida que vaya tejiendo.

Hay algunas cosas que debe tener en cuenta cuando utilice trapillo fabricado. Primero, se estira. Esto no es realmente un problema y se acostumbrará a ello, pero necesitará tejer algo más flojo para evitar que el trapillo quede demasiado tenso. También es irregular. Encontrará partes deshilachadas, nudos, trozos estrechos, otros más anchos y, también, colores extraños. Puede cortarlos, unir de nuevo el trapillo o simplemente dejarse llevar y aceptar que es como es. Por último, las bobinas de trapillo son grandes y pesadas, por lo que creo que la mejor manera de trabajar es con ellas a mis pies.

CESTO DE TRAPILLO

¿Está lamentándose por la lana? Ah, sí. Riesgo laboral, me temo. Está adquiriendo lo que en el sector llamamos «alijo». Su alijo es importante. Contendrá nuevos ovillos en anticipación de futuros proyectos y pequeños restos de cosas ya hechas. Y este necesita mantenerse alejado de la pareja/niños/perro y del gato. Especialmente del gato. Por ello, he diseñado un cesto de trapillo para mantener su alijo a salvo. Este proyecto se teje utilizando trapillo y en vueltas unidas.

NECESITARÁ

Yo he utilizado...
• 1 bobina de trapillo en:
A) Gris
B) Violeta

Podría utilizar...
• Cualquier hilo o lana extrema y el ganchillo adecuado (compre algo diferente o hágala usted mismo, como prefiera)

También necesitará...
• Ganchillo de 15 mm
• Aguja de tapicero

Medida final:
36 x 24 cm

VARIACIONES

¡Haga más de ellos! Teja el cesto más alto incrementando el número de vueltas o hágalo más pequeño dejando de aumentar en la vuelta 6 y continuando con vueltas de 35 puntos. También puede obviar las asas.

PATRÓN

Al inicio de cada vuelta necesita hacer una cadeneta y tejer el primer punto bajo en el mismo punto. Al final de la vuelta, hará el punto raso de unión en la parte superior del primer punto bajo, ignorando el punto de cadeneta y continuando como antes.

Vuelta 1: utilizando el color A, 5 pb en un anillo mágico o 2 cad, 5 pb en el 2o pto desde el ganchillo

Vuelta 2: 2 pb en cada pto alrededor (10 ptos)

Vuelta 3: 2 pb en cada pto alrededor (20 ptos)

Vuelta 4: *1 pb, 2 pb en el siguiente pto*, repetir alrededor (30 ptos)

Vuelta 5: 30 pb

Vuelta 6: *5 pb, 2 pb en el sig pto*, repetir alrededor (35 ptos)

Vuelta 7: * 1 pb, 2 pb en el sig pto*, repetir alrededor, 1 pb en el último pto (52 ptos)

Vuelta 8: 52 pb por la hebra trasera

Vueltas 9-16: 52 pb

Vueltas 17-18: utilizando el color B, 52 pb

Vuelta 19: 9 pb, 8 cad, saltar 8 ptos, 18 pb, 8 cad, saltar 8 ptos, 9 pb (52 ptos) Esta vuelta da forma a las asas del cesto

Vuelta 20: 9 pb, 10 pb en el espacio de 8 cad, 18 pb, 10 pb en el espacio de 8 cad, 9 pb (56 ptos)

Vuelta 21: 56 pb. Pr en el primer pb de la vuelta para cerrar

Finalizar y rematar los extremos (veáse p. 121).

ACABADO

Guarde sus ovillos y disfrute del hecho de que al gato le costará bastante alcanzar su alijo.

ALFOMBRA DE BAÑO PLAYERA

Esta alfombra de baño náutica está tejida en trapillo de color azul marino clásico y blanco. Tejerá alrededor de ambos lados de la cadeneta para empezar a trabajar en círculo en este proyecto: una nueva técnica muy sencilla. Voy a enseñarle una versión del punto medio que produce un increíble efecto de punto de media.

NECESITARÁ

Yo he utilizado...
• 1 bobina de trapillo en:
  A) Marino
  B) Blanco

Podría utilizar...
• Un hilo extremo y ganchillo adecuado

También necesitará...
• Ganchillo de 15 mm
• Aguja de tapicero

Medida final:
65 x 44 cm

Hacer punto medio (pm) con efecto de punto de media

Este punto medio especial produce un efecto de punto de media. Como sabe, cuando tejemos, cada punto produce una hebra delantera y una trasera (la «V»). No obstante, el punto medio produce una hebra más justo en la parte trasera, el tercer bucle, y esta es la hebra con la que trabajará.

VARIACIONES

Esta alfombrilla de baño también quedaría bien con cualquier punto corto y grueso, de modo que tanto el punto bajo como el punto medio sencillos serían perfectos. Si quiere hacerla más larga, añada puntos a la cadeneta base: los aumentos alrededor de los bordes serían los mismos. Si quiere una alfombrilla más grande, continúe añadiendo vueltas.

PATRÓN

La alfombra de baño se teje en vueltas unidas. Al inicio de cada vuelta necesitará hacer dos cadenetas y tejer entonces el primer punto medio en el mismo punto. Al final de la vuelta, haga el punto raso de unión en la parte superior del primer punto medio, ignorando las dos cadenetas, y continúe como antes.

Al final de cada vuelta, cierre la vuelta y haga dos cadenetas.

Cadeneta base: utilizando el color A, 19 cad

Vuelta 1: (2 cad), 3 pm en el tercer punto desde el ganchillo, 17 pm, 3 pm en el sig pto, girar 180° para trabajar a lo largo de la otra parte de la cadeneta, 17 pm. Pr en el 1r pm para cerrar la vuelta. **Finalizar** (véase p. 121) (40 ptos)

Vuelta 2: utilizando el color B, sólo por la tercera hebra (véase p. 86) (2 cad, 2 pm) en el mismo pto, 2 pm en el sig pto, 2 pm en el sig pto, 17 pm, (2 pm en el sig pto) × 3, 17 pm. Pr en el 1r pm para cerrar la vuelta. **Finalizar** (46 ptos)

Vuelta 3: utilizando el color A, sólo por la tercera hebra (2 cad, 2 pm) en el mismo pto, 1 pm (2 pm en el mismo pto, 1 pm) × 2, 17 pm, (2 pm en el sig pto, 1 pm) × 3, 17 pm. Pr en el 1r pm para cerrar la vuelta. **Finalizar** (52 ptos)

Vuelta 4: utilizando el color B, sólo por la tercera hebra (2 cad, 2 pm) en el mismo pto, 1 pm en el sig pto, (2 pm en el sig punto, 1 pm) × 3, 2 pm en el sig pto,

17 pm, (2 pm en el sig pto, 1 pm) × 4, 2 pm en el sig pto, 17 pm. Pr en el 1r pm para cerrar la vuelta. **Finalizar** (62 ptos)

Vuelta 5: utilizando el color A, sólo por la tercera hebra (2 cad, 2 pm) en el mismo pto, 1 pm, (2 pm en el sig punto, 1 pm) × 6, 17 pm, (2 pm en el sig pto, 1 pm) × 7, 17 pm. Pr en el 1r pm para cerrar la vuelta. **Finalizar** (76 ptos)

Vuelta 6: utilizando el color B, sólo por la tercera hebra, (2 cad), 76 pm

Vuelta 7: utilizando el color A, sólo por la tercera hebra (2 cad, 1 pm) en el mismo pto, 1 pm, 2 pm en el sig pto, (2 pm, 2 pm en el sig pto) × 6, 17 pm, (2 pm, 2 pm en el sig pto) × 7, 17 pm. Pr en el 1r pm para cerrar la vuelta. **Finalizar** (90 ptos)

Vuelta 8: utilizando el color B, sólo por la tercera hebra, (2 cad), 90 pm. **Finalizar.**

Vuelta 9: utilizando el color A, sólo por la tercera hebra (2 cad, 1 pm) en el mismo pto, 2 pm, 2 pm en el sig punto, (3 pm, 2 pm en el sig pto) × 6, 17 pm, (3 pm, 2 pm en el sig pto) × 7, 17 pm. Pr en el 1r pm para cerrar la vuelta. **Finalizar** (104 ptos)

Vuelta 10: utilizando el color B, sólo por la tercera hebra, (2 cad), 104 pm. **Finalizar.**

Vuelta 11: utilizando el color A, sólo por la

tercera hebra (2 cad, 1 pm) en el mismo pto, 3 pm, 2 pm en el sig punto, (4 pm, 2 pm en el sig pto) × 6, 17 pm, (4 pm, 2 pm en el sig pto) × 7, 17 pm. Pr en el 1r pm para cerrar la vuelta. **Finalizar** (118 ptos)

Vuelta 12: utilizando el color B, sólo por la tercera hebra, (2 cad), 118 pm. **Finalizar.**

Vuelta 13: (1 cad, 1 pb) en el mismo pto, 117 pb sólo por la tercera hebra

Vuelta 14: (1 cad, 1 pb) en el mismo pto, 117 pb

Finalizar.

ACABADO

Dé la vuelta a su alfombra de forma que tenga delante la parte del revés y remate todos los hilos sobrantes.

Solución de problemas

El trapillo es terrible al tener diferentes gruesos (incluso en la misma bobina). Como resultado, los bordes curvados de su alfombra de baño no se mantendrán planos a medida que vaya tejiendo. No se preocupe; si sus bordes se empiezan a ondular, significa que tiene demasiados puntos en esa vuelta: intente dejar algunos (o todos) los aumentos (son aquellos en los que hace dos puntos medios en un mismo punto). Si sus bordes se curvan hacia arriba significa que no tiene suficientes puntos, así que añada algunos aumentos alrededor de los bordes curvados, cada dos o tres puntos, y eso ayudará. Otro truco consiste en utilizar un ganchillo ligeramente más pequeño cuando trabaja un trozo de trapillo más grueso.

GRÁFICO

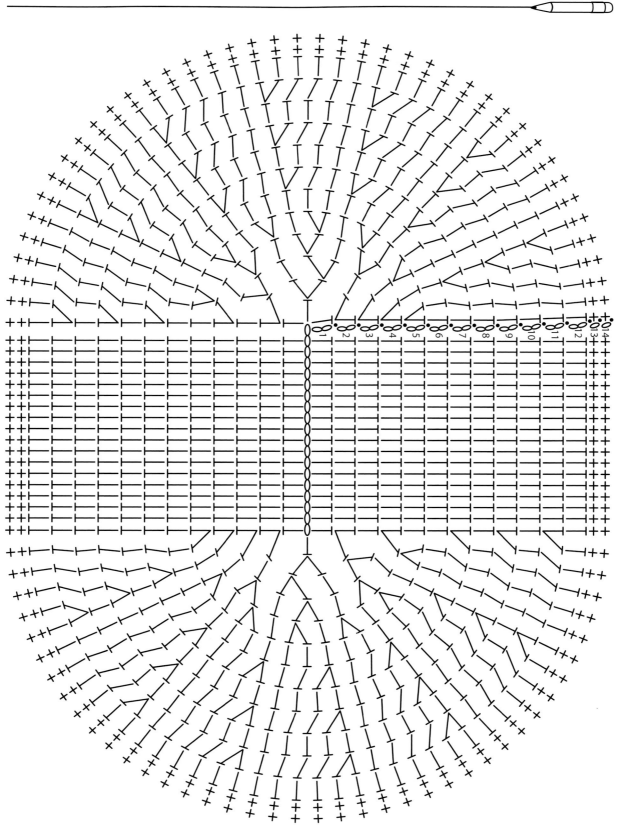

COJÍN NUBE

Un cojín grande, hecho con lana gruesa y un gran ganchillo.
¿Qué podría haber mejor? Este cojín utiliza la misma
técnica que los Pequeños Corazones (véanse pp. 28-31);
dos piezas idénticas unidas a punto bajo. A pesar de
su medida, este proyecto es bastante rápido de hacer.
¡Aunque necesita un montón de relleno!

NECESITARÁ

Yo he utilizado...

- 3 bobinas de trapillo azul y 1 bobina de blanco
- 4 almohadas para el relleno (compruebe que cumplen los estándares de seguridad actuales)

Podría utilizar...

- Cualquier lana o hilo extremo y el ganchillo adecuado

También necesitará...

- Ganchillo de 15 mm
- Aguja de tapicero

Medida final:
106 x 55 cm

PATRÓN

(Haga 2)

Al inicio de cada fila, haga una cadeneta y gire su labor.

Cadeneta base: en azul, (floja), 58 cad

La parte del derecho de su labor es cuando el extremo de la cadeneta queda en el lado izquierdo.

Fila 1: (1 cad), 58 pb

Fila 2: 57 pb, 2 pb en el último pto (59 ptos)

Fila 3: 2 pb en el primer pto, 58 pb (60 ptos)

Fila 4: 59 pb, 2 pb en el último pto (61 ptos)

Fila 5: 2 pb en el primer pto, 60 pb (62 ptos)

Fila 6: dism, 60 pb (61 ptos)

Fila 7: 2 pb en el primer pto, 60 pb (62 ptos)

Fila 8: dism, 60 pb (61 ptos)

Fila 9: 61 pb

Fila 10: 60 pb, 2 pb en el último pto (62 ptos)

Fila 11: 60 pb, dism (61 ptos)

Fila 12a: dism, 7 pb, dism (9 ptos)

Fila 13a: dism, 5 pb, dism (7 ptos)

Fila 14a: dism, 3 pb, dism (5 ptos)

Finalizar (véase p. 121).

No gire su labor. Coloque el trapillo en su ganchillo con un nudo corredizo (véase p. 14).

Con la parte del revés frente a usted, introduzca su ganchillo en el punto de la fila 11, justo al lado del <<montículo>>, y continúe tejiendo de derecha a izquierda.

Fila 12: dism, 48 pb (49 ptos)

Filas 13-16: 49 pb

Fila 17: 47 pb, dism (48 ptos)

Filas 18-20: 48 pb

Fila 21: dism, 44 pb, dism (46 ptos)

Fila 22: 44 pb, dism (45 ptos)

Fila 23: dism, 43 pb (44 ptos)

Fila 24: dism, 40 pb, dism (42 ptos)

Fila 25a: dism, 5 pb, dism (7 ptos)

Fila 26a: dism, 3 pb, dism (5 ptos)

Finalizar.

El patrón continúa para hacer el siguiente <<montículo>> en el lado izquierdo. Gire su labor de forma que el lado del derecho está frente a usted. Coloque el trapillo en el ganchillo con un nudo corredizo.

Introduzca su ganchillo en el punto de la fila 24, justo al lado del <<montículo>> de la derecha, y continúe tejiendo de derecha a izquierda. Esta siguiente fila se teje recta a través del lado izquierdo, lista para el siguiente <<montículo>>.

Fila 25: dism, 32 pb (33 ptos)

Fila 26b: dism, 8 pb, dism (10 ptos)

Fila 27b: dism, 6 pb, dism (8 ptos)

Fila 28b: dism, 4 pb, dism (6 ptos)

Finalizar.

No gire su labor. Coloque el trapillo en el ganchillo con un nudo corredizo.

Con la parte del revés frente a usted, introduzca su ganchillo en el punto de la fila 25, justo al lado del <<montículo>> que acaba de hacer y continúe trabajando de derecha a izquierda

Filas 26-32: 20 pb (20 ptos)

Fila 33: dism, 16 pb, dism (18 pb)

Fila 34: 18 pb

Fila 35: dism, 14 pb, dism (16 ptos)

Fila 36: dism, 12 pb, dism (14 ptos)

Fila 37: dism, 10 pb, dism (12 ptos)

Fila 38: dism, 8 pb, dism (10 ptos)

Fila 39: dism, 6 pb, dism (8 ptos)

Finalizar.

ACABADO

En primer lugar, debe lidiar con todas las uniones que ha hecho. No podría ser más sencillo. Decida cuál será la parte delantera del cojín y anude juntos todos los extremos en la parte trasera; puede estirar fácilmente los extremos desde la parte delantera. No necesita rematar los extremos, ya que quedarán escondidos dentro del cojín. Ahora, en la otra parte del cojín, anude juntos todos los extremos en la parte delantera. De nuevo, estos quedarán escondidos dentro del cojín.

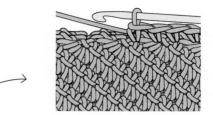

Ahora necesita tejer las dos piezas juntas. Con el trapillo blanco, haga un nudo corredizo en su ganchillo y simplemente, tal y como hizo con los corazones (véanse pp. 28-31), introduzca el ganchillo a través de un punto cercano al borde de las dos piezas de la nube. Yo he empezado en el borde derecho de mi cojín. Coja hebra y haga un punto bajo. Continúe alrededor de la nube tejiendo puntos bajos a través de los puntos, uniendo los bordes de ambas piezas.

Recuerde rellenar la almohada de forma firme antes de finalizar sus puntos bajos alrededor del borde y finalice. Remate los extremos (véase p. 121).

Lo único que le queda por hacer es encontrar un lugar para colocar su más que enorme cojín.

VARIACIONES

Siempre puede reducir la escala de este cojín tejiéndolo en lana fina. Quedará, obviamente, mucho más pequeño.

PUNTOS
DE FANTASÍA

Existen muchas maneras diferentes de combinar los puntos que ya conoce para crear diseños y formas. Algunos de ellos se prestan bien a las repeticiones y son perfectos para mantas, cojines, bufandas y chales, a la vez que añaden textura e interés a sus proyectos.

PUNTO DE MUSGO

Se trata de un punto pequeño bastante goloso y que también se conoce como «punto de granito», «punto de lino» o «punto de tejido». ¡Es llamativo y añade textura a su labor, además de ser realmente fácil! Se basa en… espere… un punto bajo y un punto de cadeneta. Ya le dije que era fácil. Esto significa que produce un punto bastante denso que es perfecto para cojines, fundas, gorros y bufandas. Y el efecto de punto puntiagudo es realmente efectista en muchos cambios de rayas de colores, al igual que en un trozo de color sólido.

GRÁFICO

Es muy fácil ver los esquemas alternos de punto bajo y punto de cadeneta a lo largo de las filas. El punto bajo se teje en el espacio de una cadeneta, lo que crea un diseño superpuesto. Verá que al inicio de la fila 2, y en todas las filas pares, tendrá que hacer dos puntos bajos para que el patrón funcione.

Cadeneta base: 15 cad

Fila 1: (1 cad), 1 pb, *1 cad, saltar 1 pto, 1 pb*, repetir a lo largo de la fila

1. Haga su punto de cadeneta y trabaje a lo largo de la cadeneta base haciendo el primer punto bajo en el segundo punto desde el ganchillo. Entonces haga una cadeneta, salte un punto y teja otro punto bajo en el siguiente punto (véanse las flechas en la ilustración). Repita esto a lo largo de toda la fila.

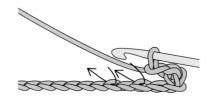

Fila 2: (1 cad, girar) 1 pb, 1 pb en el espacio de 1 cad, *1 cad, 1 pb en el espacio de 1 cad*, repetir a lo largo de la fila, 1 pb en el último pto

1. Esta es similar a la fila 1; haga su primer punto bajo en el segundo punto desde el ganchillo, y entonces teja el siguiente punto bajo en el espacio de una cadeneta. Haga una cadeneta y un punto bajo en el siguiente espacio de una cadeneta (véase la flecha en la ilustración). Repita a lo largo de la fila, finalizando con otro punto bajo en el último punto.

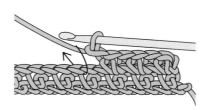

Fila 3: (1 cad, girar), 1 pb, 1 cad, *1 pb en el espacio de 1 cad, 1 cad*, repetir a lo largo de la fila, 1 pb en el último pto

Fila 4 en adelante: repetir filas 2 y 3 de forma alterna

CAMBIAR LOS COLORES

No es nada complicado, pero puede parecer algo engorroso para empezar, ya que va a cambiar de color en el último punto de la fila (no se preocupe, no se verá). Teja la fila a lo largo de la forma habitual. Cuando llegue al último punto bajo, haga lo siguiente:

1. Introduzca el ganchillo en el punto de la forma habitual, coja hebra y pásela por el punto. Tendrá dos bucles sobre el ganchillo.

2. Sostenga los extremos del color antiguo y del nuevo, con su mano derecha, por detrás de la labor.

3. Coja hebra con el nuevo color y complete el punto.

4. Haga una cadeneta para la siguiente fila, gire y continúe el patrón de la forma habitual.

5. Recuerde cortar el hilo antiguo y atar los extremos juntos.

Si cree que lo ha pillado, vamos al proyecto. Es una «fiesta» de punto de musgo/granito/lino/tejido.

FUNDA PARA DISPOSITIVO

¿Qué es lo siguiente que puedo tejer? ¡Ah! Mi lector de e-book. Tiene un aspecto triste cuando no lo utilizo; de hecho, muy triste. Y podría rayarse en mi bolso. Tejido en diferentes filas de colores del fabuloso punto de musgo, esta llamativa funda mantendrá su dispositivo limpio, calentito y sin rayadas. La funda está tejida como un rectángulo largo y los lados están cosidos. La apertura de la funda se cierra con una cabilla. Puede utilizar cualquier botón interesante para esto o poner el cierre de su elección.

NECESITARÁ

Yo he utilizado...

• 1 ovillo de 50 g de algodón Debbie Bliss DK en: Cerceta (color 39), Denim (color 51), Agua (color 61), Hierba (color 62), Oro (color 63), Melocotón (color 65), Lavanda (color 66), Lila (color 67)

Podría utilizar...

• Cualquier hilo de grosor ligero o medio con el ganchillo adecuado

También necesitará..

• Ganchillo de 4 mm
• Aguja de tapicero
• Cabilla/botón para el cierre

Medida final:

12 x 19 cm

PATRÓN

Teja en filas.

Cadeneta base: 25 cad

Fila 1: (1 cad) 1 pb, *1 cad, saltar 1 pto, 1 pb*, repetir a lo largo de la fila

Al inicio de cada fila, haga una cadeneta y gire su labor.

Fila 2: (1 cad, girar), 1 pb, 1 pb en el espacio de 1 cad, *1 cad, 1 pb en el espacio de 1 cad*, repetir a lo largo de la fila, teja 1 pb en el último punto

Fila 3: cambie el color, (1 cad, girar) 1 pb, 1 cad, *1 pb en el espacio de 1 cad, 1 cad*, repetir a lo largo de la fila, 1 pb en el último punto

Filas 4-78: Repetir filas 2 y 3 de forma alterna. Cambie el color cada dos filas

Finalizar (véase p. 121).

Adaptar el patrón

Mida la anchura de su dispositivo y teja la cadeneta base aproximadamente igual. Esta debe tener un número impar de puntos para que el patrón funcione. Añada más o menos filas para adaptarlo a la altura de su dispositivo.

VARIACIONES

Puede adaptar este patrón para hacer una funda de cojín exactamente del mismo modo: aumente la cadeneta base para adaptarla a la anchura del cojín (asegúrese de que tiene un número impar de puntos) y teja suficientes filas para poder cubrir el cojín y hacer una solapa. Cósalo por los lados y añada botones para cerrar la funda. Es fácil.

ACABADO

Esta funda de dispositivo ha sido diseñada para plegarse dos veces. Una para cubrir la parte delantera y trasera del dispositivo y otra sobre la parte superior del dispositivo para crear una solapa de forma que pueda meterlo y sacarlo de la funda.

1. Si usted ha cambiado de color cada dos filas como hice yo, advertirá un montón de extremos de hilo que han de rematarse. Asegúrese de que los remata en lo que será la parte interior de la funda.

2. Para coser los lados juntos, escoja uno de los colores (yo utilicé el lavanda) y cósalos con cuidado a lo largo de los lados, cogiendo los puntos de un lado y sujetándolos al otro. Finalice y remate los extremos (véase p. 121).

3. Añada el botón o cierre. Escoja otro color de hilo y cosa el botón en su lugar en la parte principal de la funda.

4. Para hacer el lazo del botón, teja una cadeneta lo suficientemente larga para ajustarse (la mía es de 10 puntos), dejando 10 cm de hilo en cada extremo para coser a la solapa. Cósalo en su lugar, finalice y remate los extremos.

TUTORIAL DE PUNTOS:
PUNTO DE PIÑA

Los puntos de piña añaden un toque de diversión a su labor y harán algo más interesante la textura de sus objetos. Los puntos de piña pueden utilizarse uno al lado del otro o espaciados para crear efectos. Se crean embutiendo juntos montones de puntos altos hasta que se salen hacia fuera de la labor. Los puntos que los rodean son normalmente cortos (como el punto bajo) para que el punto de piña destaque más. Existen muchas variedades de punto de piña; el punto de bodoque o el punto de mota son versiones diferentes ambos.

¿Está preparado para «inflarse»?. Coja su hilo de prácticas y su ganchillo y ¡vamos a hacerlo!

GRÁFICO

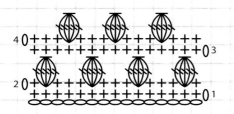

Esto es lo que me gusta de los gráficos: su parecido a la pieza de ganchillo finalizada. Es muy fácil localizar las <<piñas>> en este gráfico ¿verdad? Aquí están, en las filas 2 y 4, cada una de ellas separada por tres puntos bajos. Y las filas 1 y 3 son simplemente de punto bajo. No podría ser más fácil.

Cadeneta base: 15 cad

Fila 1: (1 cad) 15 pb

Fila 2: (1 cad, girar), 1 pb, punto piña en el siguiente pto, *3 pb, punto piña en el siguiente pto*, repetir a lo largo de la fila. 1 pb en el último pto

1. Haga una cadeneta y gire su labor. Teja un punto bajo en el segundo punto desde el ganchillo.

2. Coja hebra e introduzca el ganchillo en el punto. Coja hebra y pásela por el punto. Coja hebra y pásela por los primeros dos bucles (dos bucles en el ganchillo).

3. Repita el paso 2 (tres bucles en el ganchillo).

4. Repita el paso 2 (cuatro bucles en el ganchillo).

5. Repita el paso 2 (cinco bucles en el ganchillo).

6. Repita el paso 2 (seis bucles en el ganchillo).

7. Coja hebra, pásela por los seis bucles y estire ligeramente.

8. Ahora haga tres puntos bajos para separar las «piñas» y teja otro punto de piña en el siguiente punto.

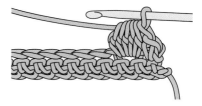

9. Continúe el patrón a lo largo de la fila, acabando con un punto bajo en el último punto. Tendrá cuatro puntos de piña en esta fila.

10. As the bobbles always ends up on the side facing away from you, the next Fila will just be a plain Fila of double crochet.

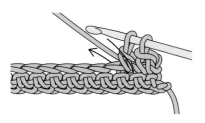

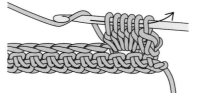

Fila 3: (1 cad, girar) 15 pb

Fila 4: (1 cad, girar) 3 pb, *punto piña en el siguiente pto, 3 pb*, repetir a lo largo de la fila

1. Haga una cadeneta y gire la labor, teja entonces tres puntos bajos. En el siguiente punto, haga el punto de piña como antes. Repita esto a lo largo de la fila y tendrá tres «piñas» en esta fila.

Fila 5 en adelante: repetir filas 1-4

CINTA PARA LA CABEZA

Algunos días quiero un gorro. Otros sólo quiero proteger mis orejas del frío. Para estos días, una cinta para la cabeza es ideal. Tejida en filas alternas de punto medio y puntos de piña, este complemento contemporáneo le ayudará a practicar esas pequeñas bolitas infladas.

NECESITARÁ

Yo he utilizado...

- 1 ovillo de 50 g de lana Debbie Bliss Cashmerino Aran en Dorado (color 63)

Podría utilizar...

- Cualquier hilo de grosor ligero o medio con lana en su composición para que sea cálido y un ganchillo adecuado

También necesitará...

- Ganchillo de 5,5 mm
- Aguja de tapicero

Medida final:

9,5 × 50 cm

PATRÓN

Para hacer el punto de piña: 5 pa juntos en el mismo punto.

Cadeneta base: 72 cad

Fila 1: (3 cad que cuentan como un pa) 72 pa (73 ptos)

Recuerde que las 2 cad al inicio de cada fila son la cadeneta de giro y no cuentan como un punto.

Fila 2: (2 cad, girar) 12 pm, punto piña en el sig pto, *5 pm, punto piña en el sig pto*, repetir × 8 (9 «piñas» en total), 12 pm

Fila 3: (2 cad, girar) 73 pm

Fila 4: (2 cad, girar) 15 pm, punto piña en el sig pto, *5 pm, punto piña en el sig pto*, repetir × 7 (8 «piñas» en total), 15pm

Fila 5: repetir fila 3

Fila 6: repetir fila 2

Fila 7: repetir fila 3

Fila 8: repetir fila 4

Fila 9: repetir fila 2

Fila 10: repetir fila 3

Fila 11: (3 cad que cuentan como un pa, girar) 72 pa (73 ptos)

Finalizar (véase p. 121) y dejar 50 cm de hilo para coser.

ACABADO

Enhebre el hilo en la aguja de tapicero y cosa los dos extremos cortos de la cinta para la cabeza. Puede utilizar un pespunte o cualquier punto siempre que haga una costura segura. Al estar utilizando el mismo color de hilo, sus puntadas no se verán.

Adaptar el patrón

Este patrón tiene el motivo de punto de piña en la parte media de las filas, colocado entre puntos medios. Para adaptar el patrón, sólo necesita alterar el número de puntos medios tejidos a ambos lados de la parte de los puntos de piña. Por ejemplo, vamos a hacer el patrón 5 cm más largo. Para hacerlo, voy a añadir cuatro puntos en cada lado del patrón (ocho puntos en total). Primero, aumentaré la cadeneta base ocho puntos para tener un total de 80 puntos. Entonces añadiré cuatro más a los puntos medios al inicio y al final de las filas 2 y 4.

El patrón quedaría así:

Fila 2: (2 cad, girar) 16 pm, punto de piña en el sig pto, *5 pm, punto de piña en el sig pto*, repetir × 8 (9 «piñas» en total), 16 pm

Fila 4: (2 cad, girar) 19 pm, punto de piña en el sig pto, *5 pm, punto de piña en el sig pto*, repetir × 7 (8 «piñas» en total), 19 pm

Aplique exactamente el mismo principio para hacer la cinta más pequeña. Simplemente asegúrese de que añade o quita un número equivalente de puntos en cada lado del patrón.

VARIACIONES

El punto de piña es perfecto para toda clase de proyectos. ¿Qué tal tejer una versión mucho más larga de esta cinta para hacer una bufanda? Sólo tendrá que repetir la parte media de los puntos de piña seis o siete veces y quizá añadir unas cuantas filas más y ¡tendrá un conjunto de cinta para la cabeza y bufanda a juego!

TEJER EN EL
BORDE

El ribete perfecto puede dar un acabado final precioso a su labor. Los ribetes pueden ser importantes también a la hora de dar forma a algunos proyectos o pueden ayudar a arreglar lados irregulares. Hacer un ribete puede ser muy sencillo (piense en las filas de punto bajo) o muy decorativo, si usa complicadas combinaciones de puntos. Los ribetes se pueden utilizar alrededor de todos los lados de un objeto de ganchillo o sólo en uno, dependiendo de lo que esté haciendo. Puede utilizar un punto repetido a lo largo de varias filas o ir a por una mezcla de diferentes capas. Lo más importante es que el ribete se haga utilizando el mismo tipo de hilo que el proyecto, de lo contrario podría arriesgarse a deformarlo o podría pasar algo extraño al lavarlo.

Vamos a hacer las cosas fáciles y a aprender cuatro patrones básicos antes de lanzarnos a los proyectos.

Para practicar estos ribetes, necesitará algo para tejer alrededor, así que ¿por qué no hacer unas cuantas muestras para usar? (He utilizado una cadeneta base de 15 cad y luego he tejido 5 filas de punto bajo).

RIBETES BÁSICOS

RIBETE DE PUNTO BAJO

Usted ya domina esta pequeña belleza, pero aquí tiene un recordatorio de los principios básicos:

GRÁFICO

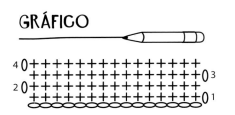

Puede hacer este ribete sólo una vez, o repetirlo con varias filas o vueltas

Fila de punto bajo: pb en todos los puntos

1. Coloque su labor con la parte del derecho frente a usted. Ponga el hilo en el ganchillo con un nudo corredizo (véase p. 14) y decida por dónde va a empezar.

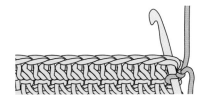

2. Introduzca su ganchillo en ese punto y haga un punto bajo de la forma habitual (véanse «Trabajar en la cadeneta» y «Punto bajo», pp. 19-21).

3. Continúe tejiendo a lo largo, haciendo un punto bajo en cada punto y alrededor de su pieza, de derecha a izquierda, o en el sentido contrario a las agujas del reloj si está tejiendo en círculo.

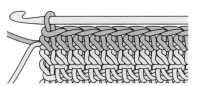

4. Si pasa por una esquina, haga tres puntos bajos en el punto de la esquina.

5. Una vez haya completado la fila o vuelta, finalice (véase p. 121) y remate los extremos (véase p. 121).

RIBETE DE PICOT

Un punto de picot está basado en un punto de cadeneta. Los puntos de picot se añaden a la parte superior del punto.

GRÁFICO

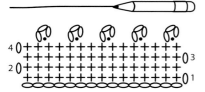

El punto de picot supone otra engorrosa maniobra. Intente desplazar su ganchillo suavemente de lado a lado para pasar con facilidad por los puntos.

Fila de picot: 2 pb, picot, *3 pb, picot*, repetir a lo largo, 1 pb en el último pto

1. Coloque su labor con la parte del derecho frente a usted. Ponga el hilo en el ganchillo con un nudo corredizo y decida dónde va a empezar. Introduzca su ganchillo en el punto de su elección y haga dos puntos bajos.

2. Ahora vaya a por el picot. Haga tres cadenetas e introduzca su ganchillo por la tercera cadeneta desde el ganchillo.

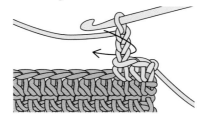

3. Coja hebra y pase el hilo a través del punto. ¡Un punto de picot hecho!

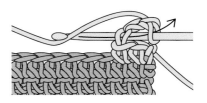

4. Tras el punto de picot haga tres puntos bajos y otro picot. Continúe este patrón a lo largo, acabando con un punto bajo en el último punto.

RIBETE DE CONCHAS

La forma de concha se consigue haciendo un montón de puntos altos en un punto, con un pequeño punto bajo a cada lado para obtener la forma. Funciona mejor cuando se teje en una fila de puntos bajos ya existente. Asegúrese de que la parte del revés de su labor está frente a usted, y haga entonces una fila de puntos bajos. Gire su labor de manera que la parte del derecho esté frente a usted para tejer los puntos de concha.

GRÁFICO

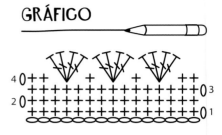

Fila de conchas: 2 pb, *saltar 1 pto, 4 pa en el siguiente pto, saltar 1 pto, 1 pb*, repetir a lo largo, 1 pb en el último pto

1. Coloque su labor con la parte del derecho frente a usted. Ponga el hilo en el ganchillo con un nudo corredizo y decida dónde va a empezar. Introduzca su ganchillo en el punto de su elección y haga un punto bajo y luego otro.

2. Ahora salte un punto y haga cuatro puntos altos (la concha) en el siguiente punto.

3. Salte un punto y haga un punto bajo en el siguiente punto. Repita desde el paso 2 a lo largo de la fila, acabando con un punto bajo en el último punto.

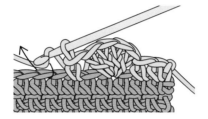

Los puntos de concha crean un bonito ribete y pueden variar en el número de puntos altos que contienen, así como en el número de puntos que nos saltamos entre ellos.

RIBETE ONDULADO

Las ondas pueden añadir un poco de volumen a los bordes de una manta o cojín.
Son ridículamente fáciles, tan sencillo como tejer algunos puntos altos en cada punto.

GRÁFICO

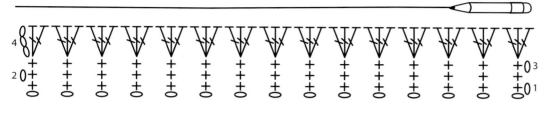

Fila de ondas: 3 cad (cuentan como un pa), 2 pa en el mismo pto, 3 pa en cada pto

1. Coloque su labor con la parte del derecho frente a usted. Ponga el hilo en el ganchillo con un nudo corredizo y decida dónde va a empezar. Introduzca su ganchillo en el punto de su elección y haga tres cadenetas. Estas contarán como el primer punto alto.

2. Teja dos puntos altos más en el mismo punto para tener tres en total.

3. Haga tres puntos altos en cada punto a lo largo de la fila.

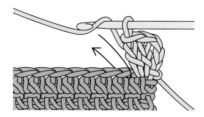

Este ribete puede hacerse tan ondulado como desee, dependiendo de cuántos puntos altos quiera comprimir en cada punto; a más puntos altos, más voluptuosa quedará la onda.

SOLAPAS PARA BOTAS

Estas solapas para botas están tejidas con un punto estriado y acabadas con un ribete de conchas que contrasta.

He utilizado dos medidas de ganchillo diferentes para este proyecto; el más pequeño es para el ribete. Puede realizar el proyecto completo utilizando sólo un ganchillo de 6 mm y, aun así, quedará precioso.

NECESITARÁ

Yo he utilizado...

- 2 ovillos de 50 g de Debbie Bliss Blue Faced Leicester Aran en Huevo de Pato (color 14)
- 1 ovillo de 50 g de Debbie Bliss Blue Faced Leicester Aran en Mostaza (color 06)

Podría utilizar...

- Cualquier hilo de grosor ligero o medio y el ganchillo adecuado

También necesitará...

- Ganchillos de 5,5 y 6 mm
- Aguja de tapicero

Medida final:

32 × 13 cm

GRÁFICO (ribete)

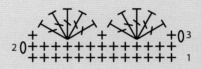

PATRÓN

Solapas

(Haga 2)

Estas solapas para botas se tejen lateralmente para crear el efecto vertical estriado.

Trabaje en filas. Al inicio de cada fila, haga una cadeneta y gire.

Cadeneta base: utilizando el ganchillo de 6 mm y el hilo color Huevo de Pato, 25 cad

Fila 1: 25 pb

Filas 2-56: 25 pb por la hebra de atrás

Finalizar (véase p. 121) y dejar 50 cm para coser.

ACABADO

Coloque la solapa de la bota con la parte del derecho frente a usted y doble los extremos cortos hacia el centro. Enhebre su aguja de tapicero con el extremo de hilo sobrante y cósalas, cogiendo puntos de cada extremo para crear una costura fuerte. Sus puntos no se verán, así que no se preocupe demasiado. Finalice y remate los extremos (véase p. 121).

Gire la solapa de la bota hacia el lado correcto y coloque su ganchillo de nuevo donde finalizó el ribete. Haga uno o dos puntos bajos para cubrir la unión de la costura con el ribete. Finalice y remate los extremos.

Ahora que ya están hechas sus solapas para botas, regocíjese del hecho de que sus botas parecerán más elegantes y sus piernas estarán más abrigadas.

Ribete

Usted trabajará a lo largo del extremo largo de su solapa, así que gire su pieza hacia el lado correcto, con la parte del derecho frente a usted.

Fila 1: Con el ganchillo de 5,5 mm y el hilo Mostaza, 55 pb

Una el hilo al ganchillo con un nudo corredizo (véase p. 14) e introduzca el ganchillo en el punto de la parte superior derecha de su pieza. Coja hebra y haga su primer punto bajo.

Trabaje de derecha a izquierda, tejiendo puntos bajos en los extremos de las filas. Ha tejido 56 filas, así que debería ser capaz de hacer 55 puntos bajos (necesitamos tener 55 puntos para que funcione el patrón de las conchas).

Fila 2: 1 cad, girar, 55 pb

Fila 3: 1 cad, girar, 1 pb, *saltar 2 ptos, 5 pa en el sig pto, saltar 2 ptos, 1 pb en el sig pto*, repetir a lo largo de la fila pero aún no finalice (véase «Acabado»).

Esta es la fila con la forma de las conchas. Haga una cadeneta y gire su labor, teja entonces un punto bajo en el segundo punto desde su ganchillo.

Salte dos puntos y haga cinco puntos altos en el siguiente punto.

Salte dos puntos más y haga un punto bajo en el siguiente punto. Repita el patrón a lo largo de la fila.

No finalice aún, ya que acabará el ribete una vez haya cosido los extremos. Puede utilizar un marcador que le muestre el punto final si quiere.

Adaptar el patrón

Para hacer la solapa de la bota más larga, aumente la cadeneta base y todas las filas hasta la longitud deseada. Para alterar la anchura de la solapa de la bota, necesitará ajustar el número de filas. El patrón de las conchas funciona con múltiplos de seis puntos más uno añadido. Siempre puede hacer puntos dobles extra al inicio y al final de la fila 3 del patrón de conchas para ayudarle.

VARIACIONES

Puede embellecer la parte superior de sus solapas para botas con cualquier ribete que desee. ¿Qué tal probar el ribete de picot? O puede que algo de ondas con volantes sea más su estilo.

RIBETES DECORATIVOS

Haga sus estanterías más bonitas añadiendo algún ribete de ganchillo decorativo. ¡Es perfecto para esconder bordes astillados o sucias huellas de dedos! Estos ribetes están tejidos en filas, de la medida que desee. Los ribetes no solo pueden utilizarse para las estanterías. Puede añadirlos sobre cualquier cosa que necesite embellecer un poco.

NECESITARÁ

Yo he utilizado...
- 1 ovillo de 50 g de algodón Creative Rico Cotton Aran en: Caramelo Rosa (color 64), Naranja (color 74) y Amarillo (color 63)

Podría utilizar...
- Cualquier hilo ligero y el ganchillo adecuado.

También necesitará...
- Ganchillo de 4 mm
- Aguja de tapicero

Medidas finales:
Rosa: 3,5 × 50 cm

Naranja: 3,5 × 50 cm

Amarillo: 5 × 50 cm

RIBETE ROSA

GRÁFICO

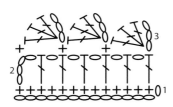

PATRÓN

Cadeneta base: 97 cad (múltiplo de 4 +1)

Fila 1: (1 cad) 97 pb

Fila 2: (4 cad [cuentan como un pa y una cad], girar), pa en el 7o pto desde el ganchillo, *1 cad, saltar 1 pto, pa en el siguiente pto*, repetir a lo largo

Fila 3: (3 cad, girar) 3 pa en el mismo pto, saltar 3 ptos, pb en el sig pto, *3 cad, 3 pa en el mismo pto, saltar 3 ptos, pb en el sig pto*, repetir a lo largo

Finalizar y rematar los extremos (véase p. 121).

RIBETE NARANJA

GRÁFICO

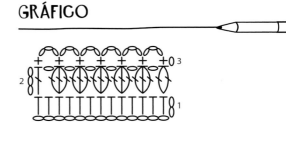

PATRÓN

La parte delantera de este ribete es de hecho el revés, por lo que el extremo de hilo del inicio estará situado en la parte inferior derecha.

Cadeneta base: 89 cad (múltiplo de 4 +1)

Fila 1: (2 cad) 89 pm

Fila 2: (3 cad, girar), 1 pa en el 4o pto desde el ganchillo, 1 cad, saltar 1 pto, *grupo de 3 pa en el sig pto, 1 cad, saltar un pto*, repetir a lo largo de la fila, grupo de 3 pa en el último pto

Haga tres cadenetas y teja un punto alto en el cuarto punto desde el ganchillo. Haga una cadeneta y salte un punto. En el siguiente punto ha de hacer un grupo de tres puntos altos. Es como el punto de piña pero con tres puntos altos en vez de cinco.

Coja hebra e introduzca el ganchillo en el punto. Coja hebra y pásela a través del punto. Coja hebra y pásela por los primeros dos bucles (dos bucles en el ganchillo).

Repita el paso 1 (tres bucles en el ganchillo).

Repita el paso 1 (cuatro bucles en el ganchillo).

Coja hebra y pásela por los cuatro bucles.

Haga una cadeneta, salte un punto y repita el patrón a lo largo de la fila, acabando con un grupo de dos puntos altos en el último punto.

Fila 3: (1 cad, girar), 1 pb, *3 cad, saltar 1 pto, pb en el siguiente pto*, repetir a lo largo de la fila.

Finalizar y rematar los extremos.

RIBETE AMARILLO

GRÁFICO

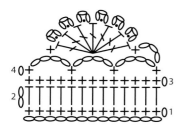

PATRÓN

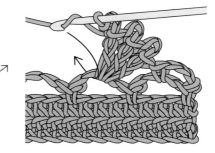

Cadeneta base: 93 cad (múltiplo de 8 + 5)

Fila 1: (1 cad) 93 pb

Fila 2: (2 cad, girar) 93 pm

Fila 3: (1 cad, girar) 93 pb

Fila 4: (1 cad, girar) 1 pb, *4 cad, saltar 3 ptos, 1 pb*, repetir a lo largo

Fila 5: (3 cad, girar), 1 pb en el primer espacio de 4 cad, *(6 pa con picot, 1 pa) en el sig espacio de 4 cad, 1 pb en el sig espacio de 4 cad*, repetir a lo largo de la fila

Finalizar y rematar los extremos.

VARIACIONES

Puede decorar el ribete de una lámpara de pantalla lisa poniendo uno de estos ribetes en la parte inferior. ¿O qué tal añadir un detalle a una falda o a un abrigo? ¡No hay excusas para los bordes aburridos nunca más!

ACABADO

Ahora sólo es cuestión de decidir dónde quiere colocar su ribete. Para ponerlo en una estantería, puede utilizar cinta adhesiva de doble cara, pegamento o clavarlo. Si lo añade a otra pieza de tejido, utilice su aguja de bordar y un hilo resistente para coserlo en el lugar adecuado.

Adaptar los patrones

Para cada patrón, vuelva a la instrucción de la cadeneta base. Aquí, verá «múltiplo de...» entre paréntesis. Esto le indica cómo calcular la longitud de la cadeneta base: así, para el ribete rosa, indica «(múltiplo de 4 + 1)», por lo que asegúrese de que la cadeneta inicial es un múltiplo de cuatro y entonces añada uno más.

TOQUES
FINALES

¡Lo ha conseguido! Ha llegado al final de un patrón. Ha creado un maravilloso objeto de ganchillo y no puede dejar de admirarlo con un sentimiento de profunda satisfacción. Le está repitiendo el descubrimiento de su proyecto a amigos y familiares e imaginando sus caras pasmadas...

... Pero, oh, no está del todo acabado. Tan sólo necesita deshacerse de esos extremos y añadir algo bonito, ¿pero cómo?

Que no cunda el pánico, todo lo que necesita saber está en las siguientes páginas. Le explicaré cómo tener su proyecto a punto y pronto le tendré mostrando su maravillosa creación de ganchillo a la gente, que se quedará de piedra...

UNIR UN HILO NUEVO

1. En muchas ocasiones, cuando esté tejiendo, necesitará unir un trozo de hilo nuevo a su labor. Puede ser que esté cambiando de color, que haya una imperfección en el hilo que ha tenido que cortar o que simplemente llegue al final de su ovillo. Cualquiera que sea la razón, necesita saber cómo unir un hilo nuevo al antiguo.

2. Cuando está tejiendo un punto de ganchillo, existe un momento en su creación (justo antes de coger la última hebra y completar el punto) en que le quedan dos bucles en el ganchillo.* Aquí es cuando necesita hacerse la unión del nuevo hilo.

3. Aparte el extremo del hilo antiguo y sostenga el nuevo en su mano derecha.

4. Coja hebra con el nuevo color y pásela para completar el punto. Hábilmente, este método finaliza el punto antiguo con el hilo antiguo y el hilo nuevo estará listo para el siguiente punto.

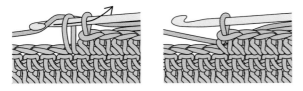

5. Haga unos cuantos puntos más.

6. Estire suavemente los extremos de los hilos para tensar los puntos, corte el hilo antiguo y anude el extremo al extremo de hilo nuevo.

7. Remate los extremos cuando finalice (p. sig.).

* Cuando haga puntos medios, nunca tendrá dos bucles en el ganchillo, sino tres en este mismo punto.

CAMBIAR DE COLOR AL FINAL DE UNA FILA

Use este método si quiere cambiar de color para la siguiente fila. Teja a lo largo de la fila de forma habitual, haciendo sus puntos como se indica. Cuando llegue al último punto, haga el cambio de color para completar el punto. Haga la cadeneta de giro como se indica y continúe la siguiente fila con el nuevo color. Después de unos pocos puntos, corte el hilo antiguo y anude los extremos juntos. Remate los extremos cuando esté listo para finalizar.

AÑADIR HILO NUEVO CUANDO YA HA FINALIZADO

Este método es útil cuando quiere añadir un ribete decorativo, o si está trabajando en un motivo en vueltas unidas. Así, imagine que ha completado una vuelta o ribete y ha finalizado. Ahora quiere añadir otra fila o vuelta. Existen dos métodos diferentes que puede probar:

EMPEZAR ATANDO LOS DOS EXTREMOS DE LOS HILOS

1. Puede utilizarse cuando empiece la vuelta nueva justo a continuación de donde acabó la última: por ejemplo, cuando haga *granny squares*.

2. Corte el hilo, dejando unos 10 cm, y páselo por el último punto, finalizando. Ahora anude este extremo al nuevo color, por la parte trasera de su labor, tan cerca de los puntos como pueda.

3. Introduzca el ganchillo en el lugar donde hará su primer punto, coja hebra del nuevo color y pásela por el espacio.

4. Coja hebra y haga las cadenetas necesarias. Continúe con el patrón para esta vuelta o fila.

EMPEZAR CON UN NUDO CORREDIZO

1. Puede utilizarse cuando no exista un extremo de hilo con el que anudar el hilo nuevo, por ejemplo, cuando se añade un ribete.

2. Coloque el hilo nuevo en su ganchillo con un nudo corredizo.

3. Introduzca el ganchillo donde vaya a empezar la nueva fila o vuelta.

4. Coja hebra y pásela por el punto.

5. Coja hebra de nuevo y pásela a través de ambos bucles para hacer un punto bajo...

6. ... O pase el hilo a través del bucle de su ganchillo para hacer un punto raso (necesitará hacer esto si va a trabajar con puntos más altos y ha de hacer una cadeneta primero).

CAMBIAR DE COLOR EN VUELTAS CONTINUAS DE PUNTO BAJO

(p. ej., cuando se tejen juguetes)

Puede cambiar de color cuando trabaja en vueltas continuas, pero notará un leve escalón entre los colores. No importa —simplemente asegúrese de que sus cambios de color quedan en la parte trasera—: podría darse en la mitad de una vuelta, así que utilice su marcador para recordar dónde se encuentra el primer punto de la vuelta. Sólo tiene que cambiar de color como arriba; pero haga un punto raso en el punto que sigue al cambio de color en vez de un punto bajo. Lo que hace esto es disminuir la altura del punto y hacer que la unión de colores sea menos obvia. Siga de forma habitual y considere el punto raso como un punto normal cuando regrese a él en la vuelta siguiente.

Y así es como se hace. Ninguno de los métodos es complicado, simplemente necesitan un poco de práctica para perfeccionarlos.

FINALIZAR

Corte su hilo, dejando un extremo de unos 15 cm, y páselo a través del último punto. Esto es lo que se conoce como finalizar.

REMATAR LOS EXTREMOS

¡Ahora ha de esconder los extremos!

Empiece decidiendo cuál es la parte delantera de su labor, enhebre el hilo en su aguja de tapicero y páselo a través de algunos puntos por el reverso. Corte el extremo con cuidado y repita con el resto de hilos. Esto es lo que se conoce como rematar los extremos.

ESTIRAR LAS PIEZAS

Estirar las piezas es una técnica para facilitar dar forma a los proyectos, Ayuda a definir los puntos, haciéndolos parecer más marcados y evita que se enrosquen. Para un objeto que se lleva puesto, como un chal, puede relajar los puntos y mejorar la caída de la prenda. Generalmente, los hilos hechos con fibras naturales funcionan mejor pero los sintéticos también pueden estirarse.

No todo lo que teja necesita estirarse. Aun así, hay veces en las que querrá estirar las piezas y necesitará saber cómo.

Existen varios métodos para estirar, pero la premisa esencial es que clave su objeto con alfileres dándole forma; humedézcalo y déjelo secar. Los dos métodos que le muestro son estiramiento al agua y estiramiento al vapor.

ESTIRAR AL AGUA

NECESITARÁ

- La pieza de ganchillo acabada
- Alfileres inoxidables
- Una superficie adecuada (elija entre las siguientes: tabla para estirar, tabla de planchar, tabla de corcho, colchoneta de espuma, una alfombra cubierta de toallas; todas irán bien)
- Una botella de espray rellenada con agua templada
- Almidón en espray (véase abajo)

CÓMO ESTIRAR PIEZAS CON AGUA

1. Clave su objeto con alfileres sobre una superficie adecuada y en la forma deseada. Asegúrese de que los alfileres están espaciados de forma regular alrededor de los bordes y estire ligeramente la labor.

2. Rocíe la pieza con un poco de espray de agua templada o con espray de almidón, simplemente para humedecerla, sin llegar a mojarla.

3. Déjela secar por completo. Esto puede tardar horas y horas, por lo que asegúrese de que la deja en un lugar seguro, alejada del gato/perro/niños/pareja.

4. Quite los alfileres y maravíllese ante su inteligencia. ¡Debería tener una pieza de ganchillo plana y con una forma perfecta!

¿Espray de almidón o agua templada?

Simplemente depende del acabado que desea. Si quiere algo que quede bastante rígido como una guirnalda o el ribete de las estanterías, entonces el espray de almidón es el material adecuado. De lo contrario, utilice agua templada.

ESTIRAR AL VAPOR

NECESITARÁ

- La pieza de ganchillo acabada
- Alfileres inoxidables con la cabeza metálica
- Una superficie adecuada
- Una plancha a vapor

CÓMO ESTIRAR PIEZAS CON VAPOR

1. ¡Peligro! Le recomendaría que pruebe antes con una pequeña muestra de ganchillo para asegurarse de que no sucede nada desafortunado en el proceso de planchado. Lo último que desea es un desastre fundido en sus manos. Y, por favor, tenga cuidado con la plancha. Mantenga perros, gatos, niños y por supuesto a las parejas a una distancia segura y vigile sus dedos.

2. Caliente la plancha con el programa de vapor. Cuando eche ráfagas de vapor, estará lista.

3. Como antes, dé forma al objeto de ganchillo clavándolo con alfileres en una superficie adecuada.

4. Desplace ligeramente la plancha sobre su labor, apretando el botón para emitir vapor de forma regular sobre la superficie. Demasiado calor puede estropear el hilo, así que, se lo diré de nuevo, tenga cuidado.

5. Déjela secar en algún sitio alejado de situaciones de riesgo.

6. Quite los alfileres y ya lo tiene.

Y así, en resumen, es cómo se estiran las piezas de ganchillo. Depende de usted decidir si su labor se beneficiará con ello, pero vale la pena intentarlo.

ADORNOS

El ganchillo tiende a incorporar muy bien todo tipo de cachivaches; botones, cintas y adornos pueden dar un bonito acabado a una pieza o esconder un fallo. Algunos adornos pueden pegarse en un lugar determinado (mi método preferido para enganchar rápido), pero si su objeto ha de lavarse, llevarse puesto o acariciarse, necesita aprender a coser las cosas en su sitio.

NECESITARÁ

- Adornos de su elección
- Aguja de bordar
- Hilo de bordar
- Hilo de coser
- Alfileres

UNAS PALABRAS ACERCA DE LOS HILOS

Los hilos de bordar están a menudo formados por varias hebras y se pueden encontrar en una variedad de grosores y brillos. El hilo de coser está hecho normalmente de algodón o poliéster, y contiene una única y fina hebra. Los hilos de bordar son adecuados para añadir puntos decorativos al ser algo más gruesos. Los hilos de coser son perfectos para añadir puntos finos y delicados o para coser objetos juntos.

COSER BOTONES

1. Aquí tiene dos opciones. Puede coser el botón usando el mismo hilo con el que ha tejido el objeto u otro de su elección.

2. Corte unos 70 cm de hilo y haga un nudo en un extremo.

3. Enhebre el otro extremo en su aguja de bordar.

4. Coloque el botón en su sitio con la mano izquierda.

5. Con cuidado, pase la aguja hacia arriba por uno de los agujeros del botón y estire suave pero firmemente hasta que alcance el nudo.

6. Ahora pase la aguja hacia abajo por otro agujero (algunos botones tienen cuatro)

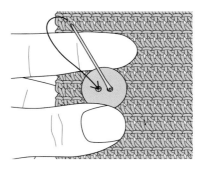

7. Pase la aguja hacia arriba por el primer agujero y hacia abajo por el segundo de nuevo.

8. Repita esto algunas veces hasta que el botón esté bien sujeto.

9. Gire su labor del revés y pase la aguja por uno de los puntos para formar un bucle. Pase la aguja de nuevo a través de este bucle y estire para formar un nudo. Repita dos veces más para sujetar el hilo y corte los extremos con cuidado.

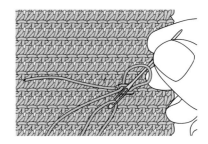

ADORNOS COSIDOS

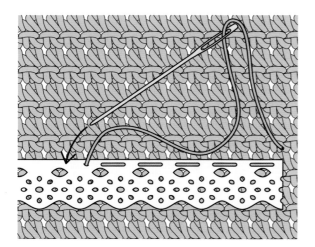

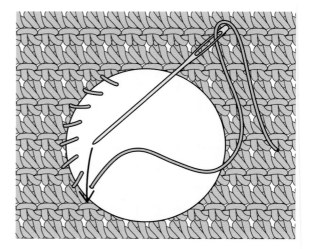

PUNTO ADELANTE
PARA CINTAS O RIBETES

1. Como antes, decida qué hilo quiere utilizar. Si quiere que las puntadas sean casi invisibles elija un hilo de coser de un color parecido a su adorno. Si tiene que coser un adorno ancho, tendrá que hacer dos filas de puntos, una a lo largo del borde superior y otra a lo largo del inferior.

2. Corte un trozo de hilo suficientemente largo para sujetar el adorno y haga un nudo en un extremo (siempre puede cortar más hilo, así que no se preocupe demasiado).

3. Enhebre el otro extremo en su aguja de bordar.

4. Coloque el adorno y sosténgalo o clávelo con alfileres en su sitio.

5. Empezando por un extremo, clave la aguja hacia arriba a través de la labor y del adorno y estire suavemente, pero con firmeza, hasta que alcance el nudo.

6. Ahora haga una puntada corta (la longitud en realidad depende de usted) pasando la aguja hacia abajo a través del adorno.

7. Pase la aguja hacia arriba de nuevo y haga otra puntada. Intente mantener los puntos y los espacios entre ellos lo más uniformes posibles.

8. Repita esto a lo largo de la longitud del adorno. Si es necesario, repita por el otro extremo.

9. Finalice y corte los extremos del hilo con cuidado.

SOBRE PUNTADA
PARA FIELTRO O TELA

1. Esto proporciona un efecto de puntadas más decorativo, así que utilícelo cuando quiera que el mundo vea sus puntos. Yo utilicé este sencillo método al añadir las formas de fieltro y de tela a los ositos Bertie y Betty (véanse pp. 64-67). El mejor material que puede utilizar es el hilo de bordar en un color a juego o que contraste, ya que es grueso y bonito y destacará en su labor.

2. Corte un trozo de hilo suficientemente largo y haga un nudo en un extremo.

3. Enhebre el otro extremo en su aguja de bordar.

4. Coloque el adorno y sosténgalo en su sitio (puede clavarlo con alfileres si quiere).

5. Clave la aguja hacia arriba a través de la labor y del adorno y estire suavemente, pero con firmeza, hasta que alcance el nudo.

6. Ahora haga una sobre puntada pasando la aguja sobre el extremo del adorno y de nuevo hacia abajo dentro de la labor.

7. Con un movimiento, lleve la aguja otra vez hacia arriba y haga otra puntada. Puede intentar hacer puntadas uniformes, o puede variar cada una de ellas para añadir ese aspecto de hecho a mano con amor.

8. Repita esto alrededor del borde del adorno.

9. Una vez vuelva al inicio, haga una pequeña puntada justo debajo del adorno. Pase la aguja a través de este punto y forme un bucle. Pase la aguja a través del bucle y estire para formar un nudo. Repita esto dos veces más para sujetar el hilo y corte con cuidado los extremos.

HACER UN POMPÓN

1. En una cartulina rígida, dibuje una circunferencia para marcar el borde externo de su pompón y dibuje un círculo más pequeño dentro del más grande.

2. Recorte la forma de dónut y repita lo mismo para tener dos.

3. Corte trozos largos de hilo y enróllelos de forma uniforme alrededor de los lados del dónut.

4. Siga así hasta que ya no pueda pasar más hilo por el centro.

5. Con un par de tijeras afiladas, corte alrededor del extremo exterior del hilo.

6. Ahora, ate un trozo de hilo entre los dos círculos de cartón y anúdelo firmemente, sujetando el hilo en su lugar. (Deje extremos de hilo largo de forma que pueda enganchar o colgar el pompón).

7. Corte y extraiga el cartón y recorte su pequeño pompón para igualar los extremos.

8. Los pompones son adornos perfectos para bufandas, mitones, cuellos y todo tipo de accesorios de invierno, y son también muy divertidos de hacer.

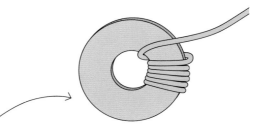

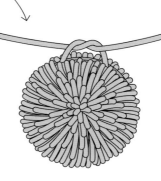

ACERCA DE LA AUTORA

Sarah es tejedora, diseñadora y autora del premiado blog «Annaboo's House». Aprendió ganchillo de forma autodidacta después de dejar la enseñanza tras dar a luz a su segundo hijo y empezó a escribir un blog como una forma de registrar sus progresos. En su cuarto año dedicada al ganchillo, diseña patrones para revistas de ganchillo y manualidades, vende patrones en su tienda de Etsy y ofrece patrones gratuitos y tutoriales en su blog www.annabooshouse.blogspot.com.

AGRADECIMIENTOS

¿Por dónde empezar? Hay tanta gente a la que estoy agradecida. En primer lugar, a los lectores de mi blog y a los seguidores de mis redes sociales, que me han animado a hacer ganchillo y me han acompañado a lo largo de mi viaje. A continuación, a la estupenda gente de F&W Media: a Sarah, por pedirme que escribiera este libro, a Emma y a Lizzy por dar sentido a todo lo que he escrito y a Anna por hacer que todo tenga un aspecto asombroso. Gracias también a Jack por la maravillosa fotografía y a Kang por crear las sobresalientes ilustraciones. También quiero dar las gracias a mis amigos y familia por su apoyo y ánimos para permitirme asumir este gran proyecto. Por último, gracias a mis hijos, Thomas y Annabelle. Lo mejor que he hecho nunca.

ÍNDICE

La edición original de esta obra ha sido publicada en el Reino Unido y Estados Unidos en 2015 por David & Charles, sello editorial de F&W Media International Ltd, con el título

Beginner's Guide To Crochet

Traducción del inglés
Inge Serrano

Copyright © de la edición original,
 F&W Media International Ltd, 2015
Copyright © del texto y los diseños,
 Sarah Shrimpton, 2015
Copyright © de las ilustraciones,
 Kuo Kang Chen, 2015
Copyright © de las fotografías,
 Jack Gorman, 2015
Copyright © de la edición española,
 Cinco Tintas, S.L., 2016
Diagonal, 402 – 08037 Barcelona
www.cincotintas.com

Impreso en China
Código IBIC: WFBS

ISBN 978-84-16407-10-1